Ricardo Zandrino

Dios nos habla a través de los sueños

EDICIONES
KAIROS

Copyright © 2013 Ediciones Kairós
José Mármol 1734 - B1602EAF Florida
Buenos Aires, Argentina
www.kairos.org.ar

Ediciones Kairós es un departamento de la Fundación Kairós, una organización no gubernamental sin fines de lucro dedicada a promover el discipulado cristiano y la misión integral desde una perspectiva evangélica y ecuménica con un enfoque contextual e interdisciplinario.

Diseño de portada Paola Torno de Zandrino
Diagramación: Adriana Vázquez

Ninguna parte de esta publicación puede ser reproducida, almacenada o transmitida de manera alguna ni por ningún medio, sea electrónico, químico, mecánico, óptico, de grabación o de fotografía, sin permiso previo de los editores.

Queda hecho el depósito que marca la ley 11.723

Todos los derechos reservados
All rights reserved

Impreso en Argentina
Printed in Argentina

Zandrino, Ricardo Alberto

Dios nos habla a través de los sueños / Ricardo Alberto Zandrino; dirigido por C. René Padilla. - 1a ed. - Florida: Kairós, 2013.

146 pp.; 20x14 cm.

ISBN 978-987-1355-52-5

1. Dios. 2. Cristianismo. I. C. René Padilla, dir.

CDD 230

A mi esposa Mónica.
Gracias por compartir el amor,
la vida… y los sueños.

☙❧

Agradecimientos

Escribir este libro habría sido una tarea imposible sin la ayuda inestimable de muchos amigos, de un buen número de hermanos y hermanas de la iglesia y de mis pacientes.

Fue muy impactante comprobar cómo estas personas, al saber de mi apertura a escuchar sobre el tema, comenzaron a acercarse espontáneamente a compartir sus experiencias oníricas y sus encuentros con Dios. Tenían un sincero interés en ayudarme y sentirse parte de este proyecto.

Este hecho me iluminó de una manera extraordinaria en primer lugar sobre la gran necesidad que existe de hablar con personas confiables y con capacidad de escucha y respeto sobre este tema. En segundo lugar, descubrí que los sueños revelados por Dios son mucho más frecuentes de lo que imaginamos. Dios nos habla a través de los sueños, pero ¡qué pena que las personas se inhiben de compartirlos! porque, en esta época cuando predomina el pensamiento racional y el materialismo, se reprimen y descalifican las manifestaciones del Espíritu. Se prioriza lo útil y se descarta la búsqueda de sentido.

En un momento determinado, mi esposa y yo tomamos el hábito de invitar a Dios, antes de irnos a dormir, para que si El lo deseaba nos visitara en sueños. Que tendríamos los oídos atentos. Al despertar, si los sueños habían ocurrido, los recordábamos y compartíamos, lo cual nos abrió la mente y el corazón.

Agradezco a los numerosos amigos que se interesaron, preguntando cómo avanzaban mis escritos. Muchas veces me acercaban material bibliográfico y/o citas bíblicas que pensaban que podrían interesarme. Nunca me faltó su apoyo y su ánimo.

Quiero hacer especial mención a mi nuera Paola Torno de Zandrino, quien con gran capacidad estética y técnica pudo implementar algunas sugerencias que le hice personalmente sobre el diseño original de la tapa. Ella logró plasmar esos detalles personales que le dieron una coherencia más precisa entre lo que expresa la tapa y el contenido.

Deseo expresar mi gratitud por mi amigo y mentor literario el Dr. René Padilla. Recuerdo que hace muchos años, en un noble gesto se interesó en leer, en hacerme sugerencias, en corregir y gestionar mi primer libro que luego fue publicado: *Sanar es también tarea de la iglesia*. Hoy agradezco su oferta para publicar el presente libro con el sello de Ediciones Kairós precedido por su amable prólogo.

Ricardo Zandrino

Índice

Introducción	11
1. Dios desea comunicarse	21
2. Diferentes maneras en que Dios se manifiesta en sueños	39
3. Dios utiliza los sueños para comunicarse en momentos especiales	51
4. Para interpretar los sueños debemos prestarles atención	63
5. Los sueños y la sabiduría del inconsciente	77
6. Los sueños premonitorios	89
7. Dios enseña a mi conciencia	101
8. Meditar y orar despiertos durante la noche	115
9. Principios y consejos para guías de interpretación de sueños	131

Prefacio

Tres marcas de esta obra me han impresionado profundamente: En primer lugar, la sólida base bíblica que presenta para afirmar que Dios nos habla a través de los sueños. En segundo lugar, la seriedad científica demostrada en el diálogo con autores que han explorado el lugar que ocupan los sueños en la experiencia humana. En tercer lugar, la ayuda práctica para quienes están dispuestos a escuchar lo que Dios quiere decirles a través de los sueños.

Cualquier persona que tenga un conocimiento mediano de la Biblia estará de acuerdo con la afirmación que uno de los medios que, según ésta, Dios utiliza con mayor frecuencia para comunicarse con los seres humanos son los sueños. Para comprobarlo, basta mencionar unos pocos ejemplos:

—A través de un sueño Dios le anuncia a Abram la esclavitud de sus descendientes en Egipto y el retorno del pueblo de Israel a la Tierra Prometida (Gn 15:12-20). Posteriormente, por el mismo medio Dios advierte a Abimélec, rey de Guerar, sobre el castigo que le espera si hace de Sara (casada con Abram, y engañado por éste) su propia esposa (Gn 20:1-7).

—A través de un sueño en Betel Dios promete a Jacob su presencia con él y su descendencia (Gn 28:16-17). A través de otro sueño le instruye posteriormente para que huya de su suegro Labán (Gn 31:10-13) y le amonesta a éste a cuidarse de amenazar a su yerno (Gn 31:22-24).

—El Antiguo Testamento da cuenta de dos personas que se distinguen, entre otras cosas, por la manera reiterada en que Dios se comunica con ellas a través de sueños: José, hijo de Jacob, y Daniel, uno de los jóvenes judíos puestos al servicio de Nabucodonosor, rey de Babilonia. La vida de José, incluyendo el papel prominente que desempeña junto al Faraón en Egipto y en relación con sus hermanos, está marcada por sus sueños, de los cuales da cuenta Génesis 37:5-10 (cf. Gn 40:5-9; 41:1-32). No sorprende que años después, cuando sus hermanos se inclinan ante él como "el gobernador del país" (Gn 42:6), él se acuerda de "los sueños que había tenido acerca de ellos" (Gn 42:9). Daniel, por su parte, se distingue como intérprete de "toda visión y todo sueño" (1:17), incluyendo los sueños de Nabucodonosor. Su interpretación de uno de estos sueños, que ocupa todo el segundo capítulo del libro de Daniel, tiene como resultado el nombramiento del profeta, por parte del rey, como "gobernador de toda la provincia de Babilonia y jefe de todos sus sabios" (v. 48). Su interpretación de otro sueño del mismo rey, según el capítulo 4, vislumbra el reconocimiento de Dios, por parte del soberano, como el "Rey del cielo…. [que] siempre procede con rectitud y justicia, y es capaz de humillar a los soberbios" (v. 37).

—Según Números 12:6, los sueños, como las visiones, son un recurso que Dios utiliza para hablar a sus profetas. El sueño de un hombre y su interpretación mueven a Gedeón, uno de los jueces, a pelear contra los madianitas y derrotarlos (Jue 7:14-25). A través de un sueño Dios llama a Samuel y lo pone a su servicio como uno de los jueces (1S 3). Posteriormente, por el mismo medio llama a Salomón para que suceda a su padre David como rey (1R 3, especialmente vv. 3 y 15). El joven Eliú, amigo de Job y dirigiéndose a él, afirma que "Dios nos habla una y otra vez aunque no lo percibamos. Algunas veces en sueños, otras veces en visiones nocturnas, cuando caemos en un sopor profundo, o cuando dormitamos en el lecho, él nos habla al oído, y nos aterra con sus advertencias, para apartarnos de hacer lo malo y alejarnos de la soberbia; para librarnos de caer en el sepulcro y de cruzar el umbral de la muerte" (Job 33:14-18).

—En el Nuevo Testamento los sueños ocupan un lugar importante como medio de comunicación por parte de Dios especialmente en relación con el nacimiento y la niñez de Jesucristo. De los cuatro Evangelios el que más referencias tiene a sueños relativos a Él es el de Mateo. Según éste, a través de un sueño, un ángel le anuncia a José que su esposa María está encinta por obra del Espíritu Santo y dará a luz un hijo que se llamará Jesús (1:20-21). A través de otro sueño José recibe de un ángel el aviso de tomar al niño y su madre y huir a Egipto "porque Herodes va a buscar al niño para matarlo" (2:13). El regreso de "la sagrada familia" a la tierra de Israel (vv. 19-20) y su posterior radicación en Nazaret también responden a avisos que José recibe de parte de ángeles que se le aparecen en sueños (vv. 21-23).

—Según Hechos de los Apóstoles, en su mensaje en el día de Pentecostés (2:14-36), el apóstol Pedro hace referencia a la profecía de Joel que en los últimos días Dios derramará su Espíritu sobre todo el género humano, lo cual resultará en que "los hijos y las hijas . . . profetizarán, tendrán visiones los jóvenes y sueños los ancianos" (v. 17). En otras palabras, Dios hablará a través de visiones y sueños, y éstos no se limitarán a un grupo de dirigentes sino que se extenderán a todo el pueblo de Dios.

Uno de los principales valores de *Dios nos habla a través de los sueños* es que es un libro enraizado en la enseñanza bíblica respecto a un tema que no ha recibido mayor atención por parte de quienes profesamos la fe cristiana. Tal falta de atención, por lo menos en nuestros tiempos, probablemente se debe a la influencia del pensamiento lógico-racional que caracteriza a la era moderna. Nos hace bien tomar muy en serio el aporte que varios psicólogos o psiquiatras eminentes tales como Sigmund Freud, Víctor Frankl, Carl Jung, Scott Peck, Irvin Yalom y otros —a quienes Zandrino cita a lo largo de su obra— han hecho al estudio de los sueños. Con este respaldo científico, además del que le dan sus largos años de experiencia profesional como psiquiatra, nuestro autor nos provee una base firme para aceptar que "a veces el Señor necesita romper con nuestra lógica dura como la roca, y entonces utiliza un lenguaje distinto, más figurativo y más vinculado a la parábola que a la explicación racional".

La mera aceptación de la validez de la tesis que Dios nos habla a través de los sueños, sin embargo, es apenas el primer paso para un cambio de actitud frente al uso de los sueños para escuchar lo que Dios quiere decirnos por este medio. A quienes quieran pasar de la teoría a la práctica, Zandrino les ofrece ayuda específica y confiable para beneficiarse de este recurso provisto por Dios para la realización de su propósito en la vida humana.

Parte de esa ayuda son los múltiples ejemplos que el autor usa para ilustrar el desarrollo de los temas en discusión. Otra parte es la definición de los pasos necesarios para aprender el lenguaje de los sueños y su interpretación bajo la dirección del Espíritu Santo y con el apoyo de creyentes maduros en la fe. Y a los ejemplos y los pasos mencionados se añade el reconocimiento del lugar de la meditación y el diálogo con Dios en oración tomando en cuenta que Él nos habla no sólo de día sino también de noche.

C. René Padilla
Buenos Aires, septiembre de 2013

Introducción

Dios se comunica de día...
y de noche

La noche no es menos maravillosa que el día, no es menos de Dios, y el resplandor de las estrellas la ilumina, y la noche tiene revelaciones que el día ignora. La noche tiene más afinidad con los misterios de los orígenes que el día. El Abismo no se abre más que con la noche.
Nikolai Berdiaev

El sueño: eficaz vía de comunicación

Que Dios nos hable es un milagro... pero es frecuente que pensemos que si Él lo hace durante el día, durante nuestra vigilia podremos comprenderlo mejor, con mayor precisión. Esto sería algo más próximo a "lo normal" de un diálogo. Pensamos que si estamos despiertos y con las facultades de nuestra mente a pleno, es el momento oportuno en que Él puede comunicarse, pues así entenderemos Su mensaje. Pero lo que nos sorprende en este mundo racional en que nos toca vivir es que, así como en la antigüedad, actualmente Dios continúa comunicándose de día... pero también lo hace de noche, y lo hace de maneras maravillosas.

Dios se manifiesta de noche principalmente a través de los sueños (aunque también lo hace por otras vías que ya mencionaremos); pero ellos tienen un lenguaje que debemos aprender y, para ello, tenemos que dejar que el Espíritu Santo nos instruya para comprender los códigos de esta comunicación. Como en otras áreas, las manifestaciones de la realidad de Dios están al alcance de la mano; ni siquiera necesitamos salir a buscarlas: es mejor aun permitir, con actitud receptiva, que *ellas* nos busquen a nosotros. Para eso, sin embargo, tenemos que desarrollar una actitud apropiada: estar abiertos a Dios, aquietar el corazón, estar atentos, mantener la posibilidad de sorprendernos al observar con la capacidad de asombro de un niño.

Dios se comunica de distintas maneras con el ser humano. La Biblia es la manera más evidente y eficaz en el que Él se manifiesta. Las Escrituras que Dios nos dejó son el relato escrito de su plan para el ser humano, un relato que primero fue hablado y luego transmitido en forma escrita. Al leer la Biblia, nuestra meta principal es volver al origen, a escuchar la voz de Dios hablando a nuestro corazón. Eugene Peterson dice en su libro *Cómete este libro*:

> La centralidad de la palabra de Dios en nuestras vidas no es acerca de leer sino de oír: 'El que tenga oídos, oiga' (Mt 13:9). La frase resonante en cada uno de los mensajes a las siete iglesias del Apóstol Juan en la isla de Patmos en el Apocalipsis es similar: 'El que tenga oídos, que oiga lo que el Espíritu dice a las iglesias'. Oír es lo que hacemos cuando alguien nos habla; leer es lo que hacemos cuando alguien nos escribe. Primero viene el habla. La escritura se deriva del habla, y si hemos de recibir el impacto entero de la palabra de

Dios, necesitamos recuperar la atmósfera en la que se habló.[1]

Hay otras maneras en las que también Dios nos habla: a través de personas, por las circunstancias que nos toca vivir, a través de la creación de Dios –Jesús nos invita a observar las flores del campo, las aves— pero en todos estos casos debemos aprender a escuchar, a desarrollar nuestro oído interior y comprender lo que su voz quiere decirnos. Suele suceder, sin embargo, que por estar muy ocupados en temas de la vida cotidiana y dispersos por las preocupaciones, no nos es posible prestar atención y comprender su singular lenguaje. También puede ser que nos cueste creer que Dios puede hablarnos. El escritor John Baillie, expresa lo que venimos diciendo con esta oración:

> Oh Dios que moras dentro de mí, concédeme hoy la gracia para reconocer los impulsos de tu Espíritu dentro de mi alma y estar siempre atento a todo lo que Tú me tengas que decir. No permitas jamás que los ruidos del mundo lleguen a confundirme a tal punto que no pueda percibir tu voz. No dejes que me engañe jamás en cuanto al significado de tus mandamientos y de ese modo permíteme que en todos los casos obedezca tu voluntad, por la gracia de Jesucristo, mi Señor.[2]

La comunicación con Dios es posible si se basa en el amor, el cual produce la sed por conocerle, entendiendo la palabra "conocer" como intimar, crecer en amistad y en deseo de

---

[1] Eugene Peterson, *Cómete este libro. Recibe lo que Dios revela,* Ed. Patmos, Miami, Florida, 2011, p. 108.
[2] John Baillie, *Diario de oración privada,* Casa Unida de Publicaciones, México,1968, p. 75.

compartir tiempo. El salmista expresa estas ansias de comunión en el Salmo 42:1-2: "Cual ciervo jadeante en busca del agua, así te busca, oh Dios, todo mi ser. Tengo sed de Dios, del Dios de la vida. ¿Cuándo podré presentarme ante Dios?"

Cuando Dios dio los Diez Mandamientos al pueblo de Israel, lo que aparece en el encabezamiento de esas tablas es la frase: "Escuchen Israelitas" (Dt 5:1). Hay quienes consideran que esta invitación a escuchar, llamada *Shemá*, es en realidad el primero y principal de los mandamientos: desear profundamente escuchar a Dios, estar con el oído atento para cuando el Señor nos hable. Prestarle atención es demostrarle amor y obediencia.

Samuel: el "oído de Dios"

La noche suele ser un momento que Dios utiliza para hablarnos. Un buen ejemplo es el caso del profeta Samuel. Cuando era un niño aprendió, una noche mientras estaba durmiendo, a escuchar a Dios y a reconocer su voz (1S 3:1-11). Mientras Samuel dormía en el lugar santísimo del Templo (este es un dato asombroso, pero el texto bíblico así lo afirma en el versículo 3) escuchó que lo llamaban por su nombre. Era la voz de Dios. Al principio Samuel concurrió donde estaba acostado su maestro Elí, pero luego de ser llamado tres veces, fue el propio Elí quien se dio cuenta de lo que estaba sucediendo, entonces le dio precisas instrucciones a su discípulo. Fue así que la siguiente vez que fue llamado, el niño actuó de una manera diferente: esta vez respondió directamente a Dios: "Habla SEÑOR, que tu siervo escucha", (1S 3:10) y lo dijo con el corazón y el oído abiertos a escuchar el mensaje para él. El nombre "Samuel" significa: "oído de Dios". ¡Qué importante es aprender a ser "oídos de Dios", dispuestos a escuchar y a entablar una fecunda amistad y diálogo con El!

Hace un tiempo una persona relataba que recibió un llamado de larga distancia y no podía escuchar muy bien a su interlocutor, quien preguntaba insistentemente: "¿Me oye? ¿Me oye?", y él le respondió: "Sí, le oigo y también le escucho". Cuando la comunicación mejoró, la persona que llamaba le preguntó: "¿Por qué me decía 'le oigo y también le escucho'?", a lo que él le contestó: "Porque le oía bien con mis oídos y le escuchaba prestando atención a lo que me quería decir". Así debemos escuchar a Dios: oyendo con nuestros oídos y atendiendo con el corazón. Y no estamos refiriéndonos a los oídos externos, de los sentidos, que escuchan lo que viene de nuestro entorno exterior, sino a nuestro oído interno que atiende a la voz de Dios.

Dice San Agustín es sus *Confesiones*: *"Nos hiciste, Señor, para ti y nuestro corazón está inquieto hasta que descanse en ti"*. Cuando nuestra alma escucha la voz de Dios, entonces está en camino de encontrar la verdadera paz, como lo expresa David, el rey poeta: "Sólo en Dios halla descanso mi alma; de él viene mi salvación" (Sal 62:1). Es que Dios está más cerca de nosotros que nuestra propia alma.

La noche: tiempo especial de Dios
para hablarnos

Dios es también el Creador de la noche, y Él también es Noche. Noche de amor y de misterio. Y nosotros, salidos de allí, conservamos siempre la nostalgia de esa Noche.

Ernesto Cardenal

Al pequeño Samuel Dios lo despertó e insistió en llamarlo y hacerle oír su voz. A Jacob le habló durante la noche, pero a través de un sueño en el que aparecía una escalera que llegaba al cielo y por la cual subían y bajaban ángeles. A José "el de los sueños" y al profeta Daniel, Dios les habló en sueños con contenidos simbólicos que ellos pudieron interpretar, pues estaban capacitados por Él para hacerlo. José creyó: "¿Acaso no es Dios quien da la interpretación?... ¿Por qué no me cuentan los que soñaron?" (Gn 40:8b), y Daniel también creyó y tuvo el coraje de decirle al rey Nabucodonosor: "Pero hay un Dios en el cielo que revela los misterios... Estos son el sueño y las visiones que pasaron por la mente de Su Majestad mientras dormía" (Dn 2:28).

Cuando Jesús estaba por nacer, Dios le habló en sueños a José, el prometido de la virgen María a través de un ángel, para darle órdenes precisas de cómo proceder para proteger al niño y a su madre.

Sí, Dios utiliza la noche para hablarnos de distintas formas. A veces nos habla cuando estamos dormidos, otras veces cuando aún estamos despiertos, y a veces también en el estado de duermevela, intermedio entre el sueño y la vigilia. No es que la noche sea el único momento en que nos habla; pero sí es uno de sus tiempos especiales. También enseña a nuestra conciencia de noche cuando estamos dormidos, y esto lo afirma el Salmo 16:8: "Bendeciré a Jehová que me aconseja; aún en las noches me enseña mi conciencia" (RVR1960). En otras ocasiones Dios puede despertarnos para darnos un mensaje, como lo hizo con Samuel. Y también puede hablarnos cuando nos despertamos a mitad de la noche, desvelados, o cuando nos hemos quedado despiertos deliberadamente, en vigilia esperándolo a Él.

¿Por qué cuando dormimos es un momento oportuno para que Dios nos hable?

Los hombres y mujeres pasamos un tercio de nuestra vida en la fase del sueño, es decir, ocho horas de las veinticuatro del día. Durante esas ocho horas de sueño, nuestras funciones biológicas se desaceleran, el metabolismo disminuye y el aparato psíquico baja los mecanismos de defensa de la vigilia y su control sobre el inconsciente. Esa es una oportunidad especial que Dios aprovecha para hablarnos.

Sigmund Freud comparaba el sueño con una ciudad de noche en la que hay menor cantidad de guardias controlando, y que nuestro inconsciente logra filtrarse al consciente a través de los sueños expresándose en forma de imágenes simbólicas, utilizando para ello el material aportado por los recuerdos y las imágenes del día. El psiquiatra y escritor Scott Peck en su libro *La nueva psicología del amor* habla de "la sabiduría del inconsciente". Este autor afirma que el inconsciente es más sabio que la conciencia, y no sólo eso, sino que además es más noble y se esfuerza para que podamos vivir vidas más saludables y más auténticas si lo atendemos; entonces el inconsciente nos hace llegar sus mensajes a la conciencia, utilizando como el principal recurso el sueño. En realidad, quien está detrás de "la sabiduría del inconsciente" es Dios mismo, y es Él quien quiere hablarnos a nuestra conciencia para que logremos crecer y madurar en la vida.

Es necesario aclarar que no todos los sueños son mensajes de Dios. Pero algunos mensajes provienen de Él, y cuando esto sucede, nos da la convicción de que Él es quien nos habla..., pero hay que estar atentos y, con la guía del Espíritu Santo, podremos discernir la verdadera naturaleza de los mismos.

¿Vale la pena atender a nuestros sueños? ¿Estamos capacitados para interpretarlos? La respuesta es que sí, y que la recompensa que recibimos por hacerlo se manifestará en un constante crecimiento en Dios para alcanzar en nuestras vidas la madurez en Cristo. Todo aquel que desee alcanzar ese objetivo podrá hacerlo cuando luche por conquistar el sentido de escuchar la voz de Dios. Será premiado aquel que persevere en familiarizarse con los sueños y que luego aprenda, a través de ellos, sobre sí mismo y sobre lo que Dios quiere para su vida. Esta persona audaz y valiente aprenderá a interpretar sus sueños, y todo el que desee hacerlo alcanzará ese objetivo, pues Dios estará de su lado. A Él le interesa que incursionemos en ese lenguaje secreto que utilizó con gran eficacia a través de la historia de la humanidad.

Algunos pueden considerar que ocuparse de los sueños sin un conocimiento psicológico suficiente y sin un acompañamiento terapéutico es peligroso. La asistencia de un experto nos ayudará, y también la de un hermano mayor con experiencia y vida profunda en Cristo será de gran utilidad, pero no debemos ser temerosos de incursionar en la interpretación de nuestros sueños pidiendo la guía del Espíritu Santo. Cada uno tiene una intuición del significado de sus sueños y debemos confiar en ella. Además no debemos tomar el sueño como un objeto extraño o enigmático, e interpretarlo despojados de nuestra realidad interior. Al fin de cuentas su constitución surge del material de nuestra intimidad y de la presencia de Dios en nuestro ser más profundo.

Deberíamos abordar los sueños con el espíritu de que sean ellos los que en realidad nos interpreten a nosotros y nuestra vida, y que nos hagan preguntas sobre nosotros mismos y sobre nuestra relación con Dios.

Recuerdo que un gran maestro de la vida espiritual cristiana, el Dr. Hans Burki, en un retiro de meditación cristiana nos enseñó que cuando Dios desea comunicarnos su mensaje, ya sea en sueños o de otra manera, toma el control de nuestros centros psicológicos y neurológicos yendo al sitio preciso de nuestra mente y nuestro corazón al que Él quiere llegar.

Dios nos habla en sueños, y también de otras maneras, utilizando vías intuitivas diferentes de la lógica de la vigilia, y así logra penetrar nuestras defensas psicológicas. A veces el Señor necesita romper con nuestra lógica dura como la roca, y entonces utiliza un lenguaje distinto, más figurativo y más vinculado a la parábola que a la explicación racional. Puede ser que nuestro corazón duro no lo entienda. Sin embargo, si guardamos una especial atención y deseo de escuchar a Dios, podremos entablar un fructífero diálogo con Él.

Con sabiduría milenaria dice el Talmud: "Un sueño no interpretado es como una carta no leída". Debemos, pues, interesarnos en la noche y sus misterios. Pasamos una tercera parte de la vida durmiendo y soñando. Es una pena y un derroche de vida pensar que ese tercio es un tiempo muerto, perdido, tiempo en blanco. Por eso no debemos cometer la equivocación de desechar el lenguaje que se desarrolla en ese tercio no racional e inmensamente sabio de nuestra vida. Que al despertar cada mañana no nos olvidemos de lo que hemos soñado. Más bien pensemos en que es una de las formas en las que Dios puede haber estado hablándonos de una manera amorosa y especial.

1

Dios desea comunicarse con nosotros

*La vida cristiana consiste en lo que Dios nos dice
a nosotros, no en lo que nosotros decimos de Dios.*
                                      Eugene Peterson

Dios, nuestro Creador... y amigo

Desde el mismo momento de la creación, Dios manifestó su deseo de tener comunión con el hombre. En el primer capítulo del Génesis encontramos a Dios como un ser plural que plantea la creación como una actividad conjunta y compartida, de un Dios que es uno y al mismo tiempo es trino. En este capítulo ya encontramos a Dios el Padre desde "el principio", al Espíritu que se movía sobre la faz de la tierra, y al Hijo como la Palabra creadora emitida por el Padre. Utiliza palabras y conceptos tales como "hagamos" o "nuestra imagen y semejanza", demostrando que así como Él es una persona y también conformado por tres personas, así concibe su relación con su creación, y particularmente con el ser humano.

Dios desea vivir en comunidad y comunicación permanente con el hombre y la mujer. También vemos, en el capítulo 3 del libro de Génesis, a Dios, en una actitud amistosa y de cortesía, yendo a visitar a Adán y Eva al jardín que les había entregado para que vivieran en él, lo cuidaran y lo administraran. Es que Dios no convocaba al ser humano como a un convidado de piedra sino que, como a un socio en el proceso de la creación, le abría las posibilidades de participación. Dios no sólo es el artífice de la creación, sino que crea la creatividad en el hombre para que él continúe la obra cada día mediante el mandato cultural: "y los bendijo con estas palabras: 'sean fructíferos y multiplíquense; llenen la tierra y sométanla; dominen a los peces del mar y a las aves del cielo, y a todos los reptiles que se arrastran por el suelo'" (Gn 1:28).

Pero pronto comienzan los problemas en esta relación. La desobediencia y el pecado alejan de Dios al hombre y a la mujer, y ellos comienzan a escapar de Su presencia por temor, pues interpretan esa amistad como un acercamiento peligroso, como una persecución para castigarlos por su desobediencia.

Debido a esta relación complicada, poco después de su inicio veremos a Dios, a través del relato de la Biblia, desarrollando un largo proceso de acercamiento y diálogo progresivo que logrará su mayor expresión con la llegada de Jesús al mundo para confirmar su amor por la humanidad.

El Padre desea la comunión con el ser humano, quiere comunicarse, hablarle y ser escuchado, y también quiere que él lo desee y lo busque, y no dejará defraudado a quien lo haga con corazón sincero.

La otra realidad

Una experiencia en la estación de trenes de Nueva York: "El joven buscó un sitio adecuado en el rincón de una concurrida estación del subte de Washington DC, la capital de los EE.UU. Eran casi las ocho de una cruda mañana invernal de enero pasado. Inadvertido para la multitud que caminaba velozmente tratando de superar la aglomeración matinal, extrajo su violín del estuche, lo colocó abierto frente a sí, luego de deslizar subrepticiamente en él algún dinero. Y comenzó a hacer música. Él no era un músico callejero común, su violín no era un instrumento cualquiera (era Stradivarius de 1710 –valuado en más de tres millones de dólares) y las obras que ejecutaba no eran sencillas. Se trataba de Joshua Bell, uno de los más destacados violinistas del mundo, e interpretó la Chacona de la Partita Nº 2 de Bach. El sonido inundó la estación, cuya acústica era sorprendentemente muy adecuada, y la magistral arquitectura sonora de Bach se adueñó rápidamente del ámbito. No pasaba inadvertida. ¿Cómo reaccionarían los transeúntes? En un contexto banal y en un momento inoportuno, ¿tendría la belleza capacidad para trascender? Jamás se reunió tal muchedumbre. Quienes caminaban ante Bell le dispensaban, en el mejor de los casos, una mirada esquiva. La mayoría no reparaba en él. Durante los 45 minutos que duró el concierto pasaron frente a él 1097 personas, siete se detuvieron y recaudó 32,17 dólares.»

Esto era parte de un artículo aparecido en la revista del diario *La Nación* del domingo 3 de junio de 2007. El título del artículo era "Trabajo de vivir", y lo escribió Guillermo Jaim Etcheverry. El leerlo me hizo pensar que aunque lo que se nos ofrezca sea lo más maravilloso del mundo podemos permanecer indiferentes. Lo mismo puede ocurrir ante el llamado de Dios, que es amoroso y que nos tiende Su mano y nos habla con ternura a nuestro corazón. Pensé sobre la relación de Dios con el hombre. Dios es como el excelso violinista Joshua Bell tocando su exquisita música en un lugar atestado de personas que pasan apuradas, insensibles, aturdidas por sus propias músicas ya conocidas, personas metidas en su propio mundo e indiferentes a lo nuevo.

Las personas pasamos insensibles ante las maravillas que nos ofrece Dios. A veces nos comportamos como adultos que no dejan a los niños acercarse al músico, así como los discípulos de la época de Jesús no permitían a los niños acercarse a Jesús a escuchar sus enseñanzas y parábolas. Cuando el hombre no atiende Su voz, entonces Dios puede recurrir al lenguaje de los sueños como una forma de llamar la atención ante una realidad que lo tiene anestesiado. ¡Qué extraña paradoja: Dios utiliza el lenguaje de los sueños para hacernos despertar a la realidad de la vida! Estos son los misterios de Dios. En este contexto resulta extraño que alguien diga: "No, yo no creo en los sueños porque utilizan un lenguaje oscuro, irracional y poco confiable".

El juego de las escondidas: un cuento jasídico

Decíamos que Dios desea comunicarse con el ser humano, pero debemos tener en cuenta que esta búsqueda de Dios está fundada en el amor. Dios desea que el ser humano lo desee. A veces, sin embargo, se esconde para ser descubierto y que el desear encontrarlo sea el resultado de un anhelo por su presencia. Una parábola jasídica intitulada *Las Escondidas* cuenta lo siguiente:

> Un nieto de rabí Baruj estaba jugando a las escondidas con un compañerito. Descubriendo un lugar excelente para ocultarse, se metió en él, y largamente esperó que

su compañero de juegos lo encontrara. Tras mucho esperar, salió y vio que su amigo había desaparecido, sin siquiera buscarlo. El nieto del rabí se puso a llorar desconsolado, y entre sollozos corrió hacia el mismo para quejarse a gritos de su camarada y de su suerte. El rabí no pudo contener sus propias lágrimas. Es casi lo mismo que le sucede a Dios –dijo para sus adentros–, se esconde y nadie quiere buscarlo.[1]

El teólogo Kart Barth dice:

Dios es libre: libre para revelarse y esconderse; para intervenir o no intervenir, para obrar dentro de la naturaleza o fuera de ella, para gobernar al mundo o ser incluso despreciado y rechazado por él; para exhibirse o limitarse. Nuestra propia libertad humana se deriva de un Dios que valora la libertad. No puedo controlar a un Dios así. Lo mejor que puedo hacer es situarme en el marco adecuado para encontrarme con él. Puedo confesar mi pecado, quitar los obstáculos, purificar mi vida, esperar con ansias y –tal vez lo más duro de todo– buscar la soledad y el silencio. No le ofrezco ningún método garantizado para lograr la presencia de Dios, porque él es el único que gobierna todo esto. La soledad y el silencio solo proporcionan el estado que mejor conduce a escuchar el susurro de Dios.[2]

Las sabias palabras de Karl Barth indican que la búsqueda de Dios y su descubrimiento es una tarea apasionante y una verdadera aventura de la vida espiritual, pero es bueno

---

[1] Baal Shem Tov y otros, *Los mejores cuentos jasídicos*, Ed. Longseller, Buenos Aires, 2004, pp. 121-122.
[2] Philip Yansey, *Alcanzando al Dios invisible*, Ed.Vida, Miami, Florida, 2004, p. 130.

reconocer que también puede ser difícil y que quizás en esa aventura tengamos que atravesar alguna noche oscura del alma. Si esta búsqueda es demasiado sencilla, superficial y placentera, podemos dudar de si estamos en el verdadero camino. Tomas Merton comunicó un mensaje un tanto movilizador y apremiante para los cristianos: "Si a usted se le hace muy fácil hallar a Dios, tal vez no sea Dios a quien usted ha hallado".

¿Qué hacer para que teniendo oídos podamos oír?

El reino de los cielos será entonces como diez jóvenes solteras que tomaron sus lámparas y salieron a recibir al novio. Cinco de ellas eran insensatas y cinco prudentes. Las insensatas llevaron sus lámparas, pero no se abastecieron de aceite. En cambio, las prudentes llevaron vasijas de aceite junto con sus lámparas. Y como el novio tardaba en llegar, a todas les dio sueño y se durmieron. A medianoche se oyó un grito: "¡Ahí viene el novio! ¡Salgan a recibirlo!" Entonces todas las jóvenes se despertaron y se pusieron a preparar sus lámparas. Las insensatas dijeron a las prudentes: "Dennos un poco de su aceite porque nuestras lámparas se están apagando." "No —respondieron éstas—, porque así no va a alcanzar ni para nosotras ni para ustedes. Es mejor que vayan a los que venden aceite, y compren para ustedes mismas." Pero mientras iban a comprar el aceite llegó el novio, y las jóvenes que estaban preparadas entraron con él al banquete de bodas. Y se cerró la puerta. Después llegaron también las otras. *"¡Señor! ¡Señor! —suplicaban—. ¡Ábrenos la puerta!"*[1] *"¡No, no las conozco!", respondió él.*

Por tanto —agregó Jesús—, manténganse despiertos porque no saben ni el día ni la hora." (Mt 25:1-13).

La parábola denominada de las diez jóvenes nos enseña que debemos estar alertas y preparados para el momento en que Dios llegue a nuestra vida. Debemos estar atentos a su voz, en una actitud intermedia entre la espera pasiva y activa, como un guardia durante la noche que mira a su alrededor, quizá entredormido por el sueño, pero atento a algún movimiento extraño que delate la presencia de alguna persona en el territorio que le ha sido asignado para vigilar.

En el Antiguo Testamento ya se menciona el hecho de que en los caminos de Dios debemos estar dispuestos a escuchar y ver cuando el tiempo oportuno llegue a nuestras vidas. La frase apunta a una percepción especial, una escucha con los oídos espirituales para percibir la voz de Dios que habla a nuestro corazón: "...el que tiene oídos y no oye" (Jer 5:21 y Ez 12:2).

Jesús, citado en los Evangelios, utilizó en sus mensajes en varias oportunidades la frase: "Tienen oídos pero no oyen" (Mr 8:18), o "el que tenga oídos para oír, que oiga." (Lc 8:8). A veces Jesús utilizaba esta frase al terminar de relatar una parábola, a fin de despertar de su letargo espiritual a su ocasional auditorio. Esta frase también la encontramos en el libro de Apocalipsis en varios pasajes de las cartas a las iglesias (por ejemplo, en 2:11).

Quiero hacer algunas sugerencias que podemos tener en cuenta para alcanzar ese fin.

En primer lugar, desear a Dios

El Salmo 42:1-2 expresa este clamor del corazón: "Cual ciervo jadeante en busca del agua, así te busca, oh Dios, todo mi ser. Tengo sed de Dios, del Dios de la vida. ¿Cuándo podré presentarme ante Dios?" Es el amor y el deseo por nuestro amado lo que nos hace escuchar la voz sutil y delicada de Dios. Así como los esposos se esperan ansiosos para estar juntos, aún a la distancia es reconocida la voz por quien está a la espera del ser amado.

En segundo lugar, aquietar nuestro corazón

El Salmo 46:10 nos invita a aquietarnos delante de Dios: "Estad quietos y conoced que yo soy Dios" (VRV 1960); así también el Salmo 37:7 dice: "Guarda silencio ante el Señor, y espera en Él con paciencia.", en ambos casos, el común denominador es el aquietarse, el guardar silencio. Se nos invita a acallar nuestra alma para que Dios se manifieste, no en medio del ruido y la dispersión, sino en la quietud, cuando el corazón está, como el de María, la hermana de Lázaro y de Marta, a los pies de Jesús.

En Isaías 30:15 dice: "En descanso y en reposo seréis salvos, en quietud y en confianza será vuestra fortaleza" (VRV 60). Es notable que en un solo versículo se mencionan cuatro maneras distintas de estar acallados: descanso, reposo, quietud y confianza. Y el premio por lograrlo es grande: ser salvos y hacernos de una fortaleza.

En tercer lugar, aprender a reconocer Su voz

El significado etimológico del nombre Samuel es "oído de Dios", y es precisamente lo que vemos en el relato bíblico del niño Samuel, quien es llamado por Dios y aprende a oír y, a partir de esta experiencia, a reconocer la voz de Dios y a diferenciarla de cualquier otra voz, aun la de su maestro Elí, que en la inexperiencia de su primer encuentro, llegó a hacerlo (1S 3:1-11). ¿Podremos nosotros desarrollar el "oído de Dios"? ¿Podremos llegar a ser "buenos oidores" como Samuel?

En cuarto lugar, conocernos a nosotros mismos

Si realmente queremos conocer a Dios, primero debemos llegar a conocernos a nosotros mismos. Si queremos llegar a desarrollar una sutil manera de escucharlo, debemos también aprender a escuchar nuestra propia voz interior. Sólo así lograremos tener sensibilidad espiritual para reconocer los impulsos del Espíritu de Dios dentro de nuestra alma.

¿Por qué Dios nos habla en sueños?

En los sueños, nuestro inconsciente interpreta y comenta los acontecimientos vividos durante el día y nuestro estado actual en el camino de ser uno mismo. Debemos tener en cuenta esta interpretación. Pues nuestra mirada consciente de las cosas es, muchas veces, parcial. En los sueños reconocemos lo que sucedió realmente durante el día y lo que significa para nosotros. Pero en el sueño, notamos también cómo es nuestra situación actual, si vamos por el camino equivocado o por el buen camino, cómo es nuestra relación con Dios, si nos cerramos o abrimos a Él, y cuáles son los próximos pasos para seguir.

Anselm Grün

Surge esta pregunta que tiene que ver con el título de este libro: ¿Por qué Dios utiliza los sueños como un momento especial para hablarnos? No vamos a pretender dar explicaciones irrefutables a los misterios que sólo pertenecen a Dios, pero podemos intentar algunas explicaciones que nos permiten asomarnos a esta gran incógnita.

En primer lugar, por la noche hay mayor intimidad

La noche es un momento para encontrarnos calladamente con nosotros mismos y con Dios. Es un momento de reflexión sobre lo que ocurrió durante el día. Es el momento propicio para hacer un balance de cómo hemos actuado. El Salmo 4:4-5 dice: "en la quietud del descanso nocturno examínense el corazón. Ofrezcan sacrificios de justicia y confíen en el Señor". Este es el momento en el que nos abrimos a Dios para que nos hable, para que nos interrogue, para que nos haga comprender si hubo cosas que no hicimos bien. También es el momento para disfrutar de nuestros éxitos, de las cosas en las que nos destacamos por nuestras cualidades personales o quizá por pequeños gestos de bondad o cortesía.

En segundo lugar, por la noche comienza a predominar el pensamiento intuitivo sobre el lógico-racional

Durante el día pensamos, tomamos decisiones, resolvemos problemas. Pero a la noche nos acallamos y comienza a predominar la meditación del corazón sobre el pensamiento racional.

La noche es el momento cuando los niños, al irse a dormir, les piden a sus padres que les cuenten un cuento. Es que la mente y el corazón están dispuestos a adentrarse en los misterios de la vida. También nuestro corazón de adulto se torna predispuesto como el de los niños. Está listo a emprender viajes imaginarios y abiertos para examinar la conciencia. El Salmo 63:6-7 confirma que este momento es especial en la relación con Dios y con nosotros mismos: "En mi lecho me acuerdo de ti; pienso en ti toda la noche. A la sombra de tus alas cantaré, porque tú eres mi ayuda".

Con esta actitud de apertura al lenguaje intuitivo, permitimos que Dios nos hable de maneras especiales, ya que la razón y la lógica que utilizamos durante la vigilia dejan de ser un estorbo para que Dios nos hable. Así lo expresa el libro de Job: "Dios nos habla una y otra vez, aunque no lo percibamos. Algunas veces en sueños, otras veces en visiones nocturnas, cuando caemos en un sopor profundo, o cuando dormitamos en el lecho". (Job 33:14-15).

En tercer lugar, por la noche se bajan los mecanismos de defensa psicológicos

Durante el día no estamos abiertos al inconsciente de la misma manera que a la noche. Es que de noche, durante el sueño, la consciencia está más permeable al inconsciente y permite que nos hable de una forma que durante el día no podría hacer. A la noche, durante el tiempo en el que dormimos, el inconsciente puede manifestarse con mayor libertad, pues el sueño "burla" la represión del yo consciente y puede así enviar mensajes mediante símbolos que atraviesan la represión de la conciencia.

Dios utiliza este mecanismo para hablarnos de temas que nos cuesta entender y aceptar cuando estamos en la dinámica de la vigilia.

En cuarto lugar, por la noche estamos abiertos al misterio

Durante la noche estamos abiertos al misterio ¿Qué significa esto? Pues que durante la noche nuestro pensamiento tiene características distintas a las que rigen la vigilia.

Mencionábamos que durante la noche los niños les piden a los padres que les cuenten cuentos, historias increíbles, relatos y mitos de cada cultura.

¿Es lo mismo esperar a Dios durante la noche que durante el día? ¿Es un momento mejor que el otro? No necesariamente, pero en cada oportunidad encontraremos respuestas a demandas diferentes. Durante la noche estaremos abiertos a lo desconocido, a lo imprevisto, a lo misterioso y a lo inexplicable... y Dios utilizará distintos momentos para transmitirnos distintos mensajes. Como dice el Salmo 74:16: "Tuyo es el día, tuya también la noche; tú estableciste la luna y el sol".

En quinto lugar, sencillamente porque Dios así lo quiere

Finalmente diremos que Dios es soberano y es dueño de utilizar distintos momentos para decirnos diferentes cosas según su sabio entender. Dios es, además, una Persona considerada y cortés. Él utilizará un momento especial para trasmitirnos cosas especiales. Tiene la delicadeza de un entendido en dar los mensajes en el contexto adecuado ¿Por qué lo llamó a Samuel de noche? No lo sabemos con total certeza, pero sí podemos decir que buscaba un encuentro con características especiales en que el pequeño niño pudiera comprender la clase de Dios que Él era. Necesitaba que Samuel entendiera, a pesar de su corta edad, que Dios lo quería como un instrumento separado para una misión para la que él había sido escogido. Dios puede y tiene la autoridad para dar mensajes increíbles que no podrían ser comprendidos durante el trajín y las ocupaciones formales y prácticas de la vigilia.

¿Qué medios utiliza Dios para hablarnos de noche?

Dios utiliza distintas maneras de comunicarse durante la noche. Mencionaremos algunas de las maneras.

A través de los sueños

Ya veremos con más detalles y en amplitud las maneras en que Dios se manifiesta a través de los sueños. Lo destacable en este punto es manifestar que los sueños son un lenguaje a través del cual Dios se comunica con mucha frecuencia y eficacia con sus hijos.

A través de una duermevela

La duermevela es el momento en que nos introducimos al sueño, pero sin hacerlo todavía del todo. Estamos en un estado intermedio entre la vigilia y el sueño, en el que pueden ocurrir visiones y sueños en los que participamos activamente, a veces interactuando con ellos.

Esther Alloco, misionera que dedicó su vida, por muchos años, a la evangelización de niños en el ministerio de la Liga Argentina Pro Evangelización del Niño (LAPEN) en Argentina y en Sudamérica, me entregó un escrito intitulado *El sueño-despedida de mi amiga Viviana*, en el que narra una experiencia durante un duermevela en un momento muy especial de su vida:

> *Éramos muy amigas. ¡Cómo nos queríamos! Cuando llegué a Rosario ella era todavía una adolescente. Luego estudió arquitectura y cuando se recibió formó un equipo con otros arquitectos. Su trabajo fue el de comprar casas viejas las cuales reciclaban para luego venderlas.*
>
> *Era una fiel creyente. Tenía una visión amplia de la vida, de la fe. Era trabajadora y comprometida con las personas. Fue una muy buena instructora de LAPEN, todos la querían porque enseñaba con gracia y era muy buena profesora. Tenía una gran amiga que se llamaba Irene, que también fue mi amiga. Ambas crearon una gran escuela cristiana en un barrio de Rosario en el que trabajaron juntas con gran entusiasmo.*
>
> *De pronto no se sintió bien. Al tiempo le descubrieron un cáncer maligno en una mama. La operaron... todo salió bien por el momento. Yo mantuve contacto con ella todo el tiempo. Le escribía periódicamente y la llamaba por teléfono, pero no fui a verla porque Viviana hizo quimioterapia y rayos, y no quiso que yo la viera deteriorada, y además, porque la enfermedad avanzó rápidamente y en muy corto tiempo falleció.*
>
> *En cuanto a la experiencia que tuve con ella antes de su muerte ocurrió lo siguiente: De pronto me avisaron que estaba mal, yo no quería verla ¡pero a la vez tenía ganas de decirle tantas cosas! Quería expresarle todo mi cariño, mi ternura, darle gracias por tantas cosas. En fin, TODO lo que pueden expresarse dos amigas que se quieren.*

Una mañana bien temprano, cuando ya iba a levantarme, me quedé un rato más en la cama y en esos momentos me entredormí y tuve un sueño. De pronto vi a Viviana que venía por una callecita y yo iba en sentido contrario. Al vernos y descubrirnos nos detuvimos y nos abrazamos con gran afecto.

Al rato nos dimos cuenta de que el tiempo pasaba y teníamos que separarnos. Al irse ella, levantando una mano me saludó con una sonrisa y siguió su camino, y yo, contestando su saludo seguí por el mío.¡Y desperté!

El Señor en su gran Amor permitió esta despedida a través de un sueño. Luego me enteré que Viviana había fallecido ese mismo día.

Otra experiencia de revelación en el momento de duermevela fue la de Pablo, uno de nuestros hijos, quien nos contó que una noche, mientras estaba orando en la cama, comenzó a dormirse. En ese momento tuvo una visión en la que vio a una joven a quien conocía, pero cuyo nombre no recordaba. Mientras la veía escuchó una voz que le indicaba que orara por ella para que consiguiera trabajo. Al día siguiente visitó a una amiga de esa persona, le preguntó por el nombre de ésta, y le contó lo que había sucedido en la desvela. La amiga le confirmó a Pablo que la joven con la que había tenido la visión efectivamente estaba necesitada y buscando trabajo.

A través de la conciencia

"Bendeciré a Jehová que me aconseja, aún en las noches me enseña mi conciencia" (Salmo 16:7, VRV 1960). Este Salmo nos muestra una manera de actuar de Dios sobre nuestra mente y nuestro corazón durante el tiempo del sueño. Él actúa durante las horas del sueño para solucionar algunos de nuestros problemas que no pudimos resolver durante el día; para enseñarnos en momentos difíciles que estemos atravesando. Dios actúa de noche durante el sueño de una manera que no podemos comprender. Puede sucedernos que nos acostemos preocupados, cansados y con dolores musculares producto de las tensiones vividas con un grave inconveniente laboral o familiar sin resolver, pero que a la mañana siguiente despertemos con una grata novedad: hemos tomado conciencia de que ese mismo problema "insoluble" de la noche anterior ya está resuelto, y tenemos la certeza de qué medidas precisas debemos poner en marcha para su resolución ¿Qué ocurrió durante la noche? El Espíritu Santo actuó sobre nuestra mente y nos dio una sabia respuesta a nuestro problema, pasando el bálsamo de sanidad sobre las heridas del cuerpo y del alma.

De esta manera expresa Anselm Grün la manera en que Dios actúa sobre nuestra conciencia en el sueño:

> Mientras dormimos nos sumergimos en nuestra propia realidad. Nos conectamos a la vida divina. En los sueños, Dios se dirige a nuestro corazón. Ingresamos en la intimidad divina. El silencio nocturno le da al descanso y a los sueños el espacio reparador y sagrado. En medio del silencio de la noche desciende la palabra divina que nos habla en nuestro oído interior. [3]

---

3 Anselm Grün, *Con el corazón y todos los sentidos*, Ed. Lumen, Buenos Aires, 2003, p. 392.

A través de la vigilia voluntaria o por el insomnio y el despertar en medio de la noche

Es posible que Dios nos despierte de noche, como lo hizo con su siervo Samuel cuando éste era todavía niño, para darnos un mensaje específico y puntual. Es importante que ante el llamado de Dios sepamos decir: "Habla, Señor, que tu siervo oye". Esta es la clave de la escucha y la obediencia a Dios: estar abiertos y dispuestos para cuando llegue ese momento. Generalmente a las personas las enoja el no poder conciliar el sueño, pensando que el día que sigue a una noche de insomnio será difícil por la irritabilidad que produce la falta de descanso nocturno. Pero podemos ver el insomnio desde otra perspectiva: puede ser una oportunidad que Dios prepara expresamente para hablarnos y decirnos cosas importantes para nuestra vida.

2

Diferentes maneras en que Dios se manifiesta en sueños

En el sueño Dios me señala la verdad quitando el velo que cubre la realidad. Pero el sueño es también lugar de encuentro directo con Dios. Dios no sólo envía mensajes sobre la realidad, sino que nos sale al encuentro, lucha con nosotros como en aquella lucha nocturna con Jacob en Génesis 32:23-33, y se da a conocer, aparece en visiones y se deja contemplar en las imágenes del sueño.

Anselm Grün

¿Qué lugar ocupan los sueños?

En la Biblia Dios se manifestó prodigiosamente en sueños, tanto en el Antiguo Testamento como también en el Nuevo. ¿Qué lugar ocupan los sueños dentro de la vida personal de los cristianos y dentro de la vida de la Iglesia? Son de vital importancia para la salud física y espiritual de las personas y han tenido una extraordinaria repercusión en el curso de la historia de la iglesia. De ello dan fe los muchos relatos de los santos a lo largo de estos veinte siglos. Así, por ejemplo, San Jerónimo atribuye a un sueño su conversión personal por la cual pasó de ser un sabio del mundo secular a un sabio cristiano.

Hay muchísima bibliografía sobre relatos de santos que relatan sueños que fueron decisivos en la toma de decisiones que marcaron sus vidas de servicio a Dios, al prójimo y que aún afectaron el curso de la historia de la Iglesia. No deberíamos atemorizarnos de expresar nuestras visiones y sueños. Quiero proponer que la iglesia vuelva a ser el ámbito propicio para el lenguaje de los sueños y de las visiones; un lugar en el que las personas puedan expresar con libertad y confianza su mundo interior y compartirlo con personas capacitadas que sepan escucharlas con respeto y que ayuden con seriedad y promuevan la consideración del contenido de estas manifestaciones de Dios al alma humana. En las iglesias que permitan la interpretación de sueños se abrirá una puerta a una enorme riqueza espiritual que beneficiará a toda la comunidad.

Sueños con indicaciones de Dios

Todo sueño necesita de un ejercicio de meditación y de interpretación; algunos necesitan de fe y sencillez para ser recibidos y voluntad de obediencia para aceptarlos y responder afirmativamente. Veamos algunos de estos casos de sueños con un claro mensaje de instrucción o consuelo de parte de Dios a sus hijos, que no son necesariamente gigantes espirituales sino personas que viven sus vidas comprometidas con Dios e insertadas en la vida de todos los días, en lo cotidiano, pero mirando la realidad con una visión que va más allá de lo inmediato.

San Francisco de Asís tuvo un sueño que se transformó en una experiencia espiritual determinante en su vida y se dio en la forma de una conversación con Dios. Se había alistado en una expedición militar y, con el proyecto de llegar a ser un caballero importante, se preparó para ese fin a la edad de veinticinco años. Al poco tiempo de iniciarse la expedición militar, tuvo la experiencia que Ignacio de Larrañaga describe así:

> Todos los cronistas dicen que en aquella noche Francisco escuchó, en sueños, una voz que le preguntaba:
> –Francisco ¿a dónde vas?
> –A la Apulia, a pelear por el Papa.
> –Dime, ¿quién puede compensar mejor, el Señor o el siervo?
> –Naturalmente, el Señor.
> –Entonces, ¿por qué sigues al siervo y no al Señor?
> –¿Qué tengo que hacer?
> –Vuelve a tu casa y entenderás todo.
> Y a la mañana siguiente Francisco regresó a su casa.[1]

UN SUEÑO QUE TRAJO CONSUELO

Alicia es una querida amiga que me relató una experiencia relacionada con un sueño, y entonces le solicité si podría relatarlo por escrito. Esta es una experiencia de duelo que vivió con algunos miembros de su familia, y cómo pudo resolverse gracias a un sueño con un mensaje de amor de Dios:

Al poco tiempo de fallecer mi padre, mi madre vino a vivir con nosotros. Ese año nació nuestro tercer y último

---

1 Ignacio Larrañaga, *El hermano de Asís*, Ed. San Pablo, Caracas, 1986, p. 27.

hijo. Con el tiempo, abuela y nieto constituyeron un binomio inseparable.

Un mes antes de que mi hijo cumpliera los diez años de edad, mi madre enfermó gravemente y fue hospitalizada. Las perspectivas de salud no eran buenas. Todos temíamos la repercusión que tendría esto en la vida del pequeño. La enfermedad siguió su curso y mi madre partió de este mundo.

Al volver del sepelio conversé con mis tres hijos y les expliqué que, si bien nosotros estábamos tristes por la separación, ella estaba mejor que nosotros porque estaba con Dios. Me sorprendió el comentario del pequeño: "Ahora entiendo... la otra noche, cuando la abuela todavía vivía, soñé con ella. Estaba como si fuera en el espacio, en el cielo, pero se la veía sonriente, muy feliz...

Desde ese momento, milagrosamente, mi hijo recobró la alegría y continuó normalmente con sus juegos, escuela, amigos. Lo que Dios le había manifestado en sueños le dio respuestas y paz a su dolor.

Un sueño con indicaciones
sobre cómo resolver un negocio

Un empresario me comentó que cierta vez debía resolver una difícil transacción inmobiliaria en la que también estaba implicada una viuda de la misma iglesia a la que pertenecía. Este empresario no sabía cómo debía actuar para que la transacción resultara beneficiosa para todas las partes. Esa noche se acostó preocupado y se encomendó a Dios sobre este tema.

A la mañana siguiente, mientras viajaba con su socio para efectuar la transacción, durante el trayecto él pudo decirle exactamente lo que debían hacer. El socio estuvo de acuerdo y le llamó la atención la seguridad y convicción que había mostrado el empresario al plantear la solución, de modo que le preguntó: "¿Pero en qué momento resolviste este problema, si ayer cuando nos separamos este era un rompecabezas que no podíamos terminar de armar?" a lo que él respondió: "Anoche lo pude resolver en mis sueños. Dios me reveló exactamente lo que debíamos hacer."

Yo soy testigo de esta historia y conozco a los protagonistas, incluso a la viuda implicada en este relato, y puedo confirmar que todo resultó en beneficio de la totalidad de las partes.

Un sueño en el que se revela un importante enunciado científico con palabras muy precisas

El profesor Victor Frankl, creador de la corriente psiquiátrica denominada Logoterapia, comenta que recibió un mensaje en sueños que definía un aspecto clave de su teoría. Al despertar tomó nota de dicha sentencia y la publicó. Desde ese momento la clave quedó definida con las palabras exactas que recibió en el sueño. Comenta Victor Frankl: "Es adecuado que mencione en el contexto de este bosquejo autobiográfico la máxima logoterapéutica, tal como la formulé una vez en el sueño, la anoté inmediatamente en taquigrafía al despertarme y la publiqué en mi *Aerztliche Seelsorge*".[2]

---

2 Victor Frankl, *Lo que no está escrito en mis libros* Ed. San Pablo, Buenos Aires, 2006, p.113.

Sueños con un mensaje sobre el que se debe meditar

A continuación veremos algunos sueños y su interpretación. En casi todos ellos han sido las mismas personas que soñaron las que por sí mismas interpretaron sus sueños. Estos sueños tienen un mensaje aparentemente claro y directo, pero necesitan un tiempo de meditación. La interpretación necesita oración, creatividad, imaginación y suspicacia.

Una nieta que comprendió en un sueño la gratitud de su abuelo ya fallecido

Carolina relata un sueño que fue muy importante para su vida. Ella fue la primera nieta de sus abuelos paternos. Esto trajo la previsible alegría de los mismos, pero con un aditamento especial: la abuela siempre había querido tener una hija, pero su deseo nunca pudo realizarse porque tuvo tres hijos varones. De modo que cuando la nieta apareció en escena, ella fue un doble motivo de alegría: por ser la primera nieta y por ser mujer. A partir de allí, la abuela pudo hacerle los vestiditos que siempre había deseado hacerle a la hija que nunca tuvo. Cuando la nieta fue más grande pudo conversar con ella sobre "temas de mujeres" y alegrarse con los comentarios femeninos que su nieta le hacía.

Una noche, poco tiempo después de que sus queridos abuelos habían fallecido, mi amiga tuvo un sueño que recordó perfectamente a la mañana siguiente. En este sueño su abuelo se acercaba sonriendo hasta llegar a donde ella estaba, la tomó de los hombros cariñosamente mientras continuaba sonriendo, y entonces le dijo con dulzura: "¡Gracias...muchas gracias!", luego dio media vuelta y se retiró caminando mientras la saludaba.

Carolina no pudo olvidarse del sueño y siguió meditando en el mensaje de gratitud de su abuelo al que tanto amaba. Luego de un tiempo llegó a la convicción de lo que su abuelo le había querido decir: ella sabía de la alegría que su presencia había significado para su abuela, pero nunca había tomado cabal conciencia de cuánto había significado para su abuelo. Es que durante todos esos años, él, que veía la frustración de su esposa que no había podido tener una hija, se había sentido triste y, hasta cierto punto, culpable. La llegada de la nieta de algún modo había reparado esa carencia familiar. Al ver a su esposa tan feliz con su nieta, el abuelo se sintió en paz con su mujer y con la vida. Por eso hubiera querido poder expresarle a Carolina toda la felicidad que ella había traído, no sólo a su abuela, sino también a él. No pudo hacerlo en vida, pero esa gratitud apareció luego de su muerte en un sueño guiado por Dios.

Un sueño que produjo paz y certeza

Mi madre solía contarme que su madre había fallecido cuando todavía era joven. Su padre quedó viudo durante algunos años. Mi madre no recuerda haber soñado ni con su padre ni con su madre durante ese tiempo.

Un día mi abuelo citó a las tres hijas para comentarles que estaba interesado en una señora mayor a quien deseaba proponerle matrimonio. Las tres hijas le dieron el visto bueno y la bendición a su padre ya que conocían a la señora de la cual él les estaba hablando y era de su agrado. Junto con sus hermanas, mi madre aprobó esa decisión.

Pasaron unos días y mi madre comenzó a preocuparse y tener incomprensibles sentimientos de culpa por el hecho de que su padre se uniera a otra mujer. Por ello, comenzó a orar pidiendo a Dios que le revelara su voluntad sobre el asunto y que le mostrara si la decisión de su padre era la correcta.

Una noche tuvo un sueño, en el cual vio a sus padres venir caminando juntos tomados del brazo. Luego llegaron a un punto en el que se abrazaron, se dieron un beso y se despidieron entre sí sonriendo. Cada uno tomó un camino distinto y ambos se alejaron caminando felices.

Luego de este sueño mi madre se quedó pensando en el significado del mismo, y después de abocarse a su meditación y orar a Dios para comprender su sentido, entendió que el mensaje implícito era que su madre había aceptado que su padre se volviera a casar; que no había reproches ni resentimientos. A partir de entonces tuvo una gran paz y nunca más volvió a tener conflictos sobre el tema.

Sueños de contenido simbólico

Todos los sueños tienen aspectos que deben ser interpretados simbólicamente, pero hay casos que tienen un contenido simbólico complejo. Para entender su significado se requerirá oración y un trabajo creativo y de interpretación, tiempo para meditar en ellos y quizá recurrir al asesoramiento de otra persona con mayor experiencia o de un guía espiritual.

Tomemos como ejemplo el sueño que Jacob tuvo una noche en el lugar que luego del sueño bautizó Betel, es decir, Casa de Dios. Según Génesis 28,

> *Jacob partió de Berseba y se encaminó hacia Jarán. Cuando llegó a cierto lugar, se detuvo para pasar la noche, porque ya estaba anocheciendo. Tomó una piedra, la usó como almohada, y se acostó a dormir en ese lugar. Allí soñó que había una escalinata apoyada*

> *en la tierra, y cuyo extremo superior llegaba hasta el cielo. Por ella subían y bajaban los ángeles de Dios. En el sueño, el Señor estaba de pie junto a él y le decía: "Yo soy el SEÑOR, el Dios de tu abuelo Abraham y de tu padre Isaac. A ti y a tu descendencia les daré la tierra sobre la que estás acostado. Tu descendencia será tan numerosa como el polvo de la tierra. Te extenderás de norte a sur, y de oriente a occidente, y todas las familias de la tierra serán bendecidas por medio de ti y de tu descendencia (vv. 10-14).*

Antes de terminar el sueño Dios le prometió a Jacob: "Yo estoy contigo. Te protegeré por dondequiera que vayas, y te traeré de vuelta a esta tierra. No te abandonaré hasta cumplir con todo lo que te he prometido" (v. 15).

El comentario de la Biblia de estudio *Dios habla hoy* expresa: "La palabra hebrea traducida por escalera puede designar tanto una rampa como una escalinata de piedra semejante a las que tenían algunos templos de la antigua Mesopotamia. Se consideraba que estas grandes escalinatas eran un lazo de unión entre el cielo y la tierra."

Jaime Barylko comenta sobre este sueño: "Recuérdese a Jacob saliendo de la casa de su padre hacia una tierra extranjera. Acostado entre las piedras vio en sueños una escalera posada sobre la tierra, cuyo extremo superior llegaba al cielo; por la escalera subían y bajaban ángeles. En el extremos superior de la escalera estaba Dios". Luego este autor agrega: "Sólo Jacob y José pretenden ir mas allá de lo inmediato: tierra, sí, pero tensionada hacia el cielo... En

Jacob y José la naturaleza, a su vez, depende de otro plano, superior, celestial".[3]

Los sueños de contenido simbólico son sueños que deben interpretarse luego de analizar el mensaje que hay en las imágenes con contenido metafórico. Se deben analizar los símbolos e interpretarlos en el contexto de la vida personal y de las circunstancias que vive la persona que lo sueña desde nuestra visión cristiana de la vida, en la tensión de dos realidades: la terrenal, pero tensionada hacia el cielo, hacia un plano superior en el que Dios interviene.

Una experiencia muy especial relatada por su protagonista

A veces los sueños y sus mensajes llegan por el camino de la noche, otras veces la noche pone en evidencia una etapa de sufrimiento, de pruebas o de dudas. También en la noche podemos atravesar una difícil "noche oscura del alma" y transitar el valle de sombras de muerte.

Todas estas situaciones se encontraron en el caso que nos relata con gran honestidad el doctor Jorge León, un fiel creyente, psicólogo y pastor por muchos años y un gran amigo que me compartió un escrito sobre esta experiencia. Sucedió en horas de la noche y en las primeras horas de la mañana, supongo que un poco aturdido por el efecto de la medicación que estaba recibiendo y por el estrés que estaba viviendo como paciente en la terapia intensiva luego de sufrir un infarto de miocardio. (Allí se da la situación especial de

---

[3] Jaime Barylko, *El libro de Dios, La Torá*, Ed. Kier, Buenos Aires1994. pp. 82-83.

que no hay contacto con el exterior y se hace difícil saber el día que se vive y la hora que es.) Este relato se desarrolla en un momento de un encuentro muy intenso con Dios, y en medio de una gran angustia ante la posibilidad de morir. Era una circunstancia de sufrimiento físico por la enfermedad y también psicológico y emocional ante la sensación de impotencia y fragilidad de la condición humana. He aquí su testimonio personal:

> El 14 de febrero del año 1994 sufrí una trombosis coronaria que me produjo un infarto agudo del miocardio. Lo que me sucedió, ¿fue una prueba que me mandó Dios? Espero responder adecuadamente a esta pregunta.
>
> Muchos cristianos participan de la idea, muy generalizada, de atribuirle a Dios el origen de sus sufrimientos, trastornos y enfermedades. Esta costumbre suele conducir a actitudes negativas, tales como:
>
> a) Caer en una resignación fatalista: Si Dios lo ha querido así tengo que aceptarlo, porque es una prueba que Él me manda.
>
> b) Una situación de impotencia. ¿Qué se puede hacer para salir de una problemática difícil si se cree que la situación que se padece ha sido creada por Dios mismo para probarnos? Un creyente con semejantes ideas se encontrará en un callejón sin salida.
>
> Recibí una Presencia y un Mensaje poco después de las seis de la mañana del día 18 de febrero, el mismo día que les escribí la carta pastoral donde doy, además de la fecha y la hora, 16 hs. La esencia del Mensaje recibido lo escribí, ese mismo día, poco después de las ocho de la mañana, después de haber leído el contenido de Hebreos 1:14. La sensación de una Presencia a mi

lado duró como media hora. A continuación, comparto la parte del Mensaje que pude recordar:

> *¡No vas a morir! Vivirás con una misión. Recuerda Hebreos 1:14. Has sido esclavo de una estructura interna que te ha oprimido sin piedad, que te ha robado tu libertad y te ha hecho vivir en escasez. Recuerda Juan 10:10. Tu libertad está dentro de ti, déjala brotar. El amor, el gozo y la paz que proceden del Espíritu Santo están dentro de ti, déjalos brotar. Se ministro de ti mismo para que puedas ministrar a los demás.*

Luego de esta experiencia se repuso en su salud y continuó con su trabajo y su ministerio pastoral con un entusiasmo renovado.

3

DIOS UTILIZA LOS SUEÑOS PARA COMUNICARSE EN MOMENTOS ESPECIALES

Cuando ya se habían ido, un ángel del Señor, se le apareció en sueños a José y le dijo: "Levántate, toma al niño y a su madre, y huye a Egipto. Quédate allí hasta que yo te avise, porque Herodes va a buscar al niño para matarlo.
San Mateo 2:13

EL SUEÑO COMO UNA VÍA DE COMUNICACIÓN CONFIABLE

A veces podemos llegar a escuchar a personas que nos advierten, con rostros serios, con posturas cientificistas, o a religiosos que se muestran seguros de su ortodoxia, comentar que los sueños son una forma de percibir la realidad de una manera interesante... pero no muy confiables, diciendo: "En todo caso los sueños son mensajes pero muy ambiguos". Sin embargo, Dios utilizó los sueños en los momentos más críticos, cuando necesitaba que sus planes se cumplieran al pie de la letra. Dios ha hecho de los sueños uno de los métodos más eficaces de comunicación en momentos especiales cuando necesitaba que sus indicaciones se cumplieran con total precisión.

El sueño es una forma de lenguaje eficaz y preciso. Dios lo utilizó cuando envió a su Hijo al mundo implementando la llegada de Su Reino y protegiendo a Jesús en ese momento clave. Cuando llegó Jesús al mundo, siendo frágil y vulnerable, cuidado por dos personas humildes e inexpertas, era vital que no cayera sobre él todo el peso de una maquinaria bélica de un rey ambicioso que temía perder su poder. Pero había más circunstancias a considerar: oscuras fuerzas espirituales que deseaban el fracaso del plan de Dios, pues el control mismo del universo estaba en juego. Dios necesitaba que la familia de Nazaret fuera protegida de estas fuerzas ocultas, pertenecientes a una dimensión que está más allá del conocimiento y el control humano. Entonces recurrió a una forma de comunicación segura: los sueños.

Cuando nació Jesús, Dios le habló a José en sueños. Le comunicó cómo debía comportarse con su prometida María, le explicó la naturaleza del embarazo. Le dio, además, indicaciones precisas sobre cómo cuidar de Jesús cuya vida estaba bajo amenaza de muerte. En sueños se le indicó cuándo llevarlo a Egipto como también cuándo volver para Israel, porque "ya murieron los que amenazaban con quitarle la vida al niño". También se le comunicó a José por revelación de sueños que el peligro en realidad continuaba, por lo cual no debía ir a Jerusalén sino a la región de Galilea a la ciudad de Nazaret (Mt 2:19-23).

Podemos preguntarnos: ¿Podría José haber comprendido este mensaje si Dios se lo hubiera expresado de otra manera? No estoy seguro de que esas indicaciones tan fuera de lo común hubieran sido aceptadas y obedecidas con métodos convencionales o mensajes racionales. ¿Qué capacidad de comprensión y aceptación hubiera tenido José, el receptor de estas advertencias? Quizá sólo en el mundo de los sueños pudo encontrar el ámbito propicio para aceptar ser parte de un plan tan inaudito que con la lógica de la vigilia hubiera sido imposible de admitir en la conciencia.

Cuando Jesús ya había nacido, Dios utilizó de nuevo el mensaje de los sueños para indicarles el camino a los Magos de Oriente para llegar a Él y adorarlo. Estos también obedecieron a los sueños, relacionándolos con la astrología y sus conocimientos de historia. Luego de adorarlo, y cuando estaban dispuestos a regresar, volvieron a recibir un mensaje de Dios en sueños indicándoles que escogieran otro camino pues sus vidas estaban en peligro.

José, el padre de Jesús, obedeció las indicaciones de Dios dadas en sueños, pero Pilato no hizo caso del sueño revelador que recibió su mujer, la cual le avisó que Jesús era inocente y le suplicó que no cometiera errores en su sentencia a Él. Hizo caso omiso de las advertencias que su mujer había recibido en sueños y nunca llegó a probar como juez si Jesús era culpable y lo entregó para ser condenado injustamente.

También el sueño cumplió una función fundamental en un momento crítico del crecimiento y expansión del Evangelio, cuando el apóstol Pablo, en uno de sus viajes, recibió un mensaje en visión nocturna (quizás similar a las que recibió José para cuidar de Jesús y su madre) en el que un hombre de Macedonia le rogaba que fuera a visitarlos para ayudarlos:"Pasa a Macedonia y ayúdanos" (Hch 16:9). El apóstol, sin dudarlo, aceptó la invitación pues tenía la convicción de que se trataba de un mensaje proveniente de Dios que estaba llamándolo a proclamar el Evangelio en un lugar estratégico. Ahora sabemos que esa fue la introducción del mensaje cristiano a Europa, y desde nuestra perspectiva del siglo XXI podemos entender la importancia que tuvo ese mensaje en la expansión del Evangelio.

El inconsciente espiritual

Víctor Frankl fue profesor de Neurología y Psiquiatría en la Universidad de Viena y en la Universidad de San Diego, California. Llegó a ser conocido mundialmente como fundador de la "Tercera Escuela de Psicoterapia Vienesa", la llamada Logoterapia o Terapia del sentido. Es una personalidad sobresaliente y admirada como profesor y escritor, pero también por el coraje y la dignidad con que enfrentó la prisión en campos de concentración de la Alemania de Hitler, incluyendo el tristemente célebre campo de exterminio de Auschwitz, del cual finalmente salió en libertad al terminar la guerra. Luego de esa terrible experiencia escribió un maravilloso testimonio que se intitula *Un psicólogo en un campo de concentración*. Este es un relato que muestra la miseria a la que puede llegar el ser humano. Por otra parte, también muestra la dignidad que lo lleva a asumir sus sufrimientos y a tomar opciones aun en las situaciones más extremas. Es a la vez, una denuncia a la crueldad humana y un crudo testimonio sobre lo que significa una existencia desnuda como a la que Frankl se vio sometido. La segunda parte del mismo libro presenta el tema "El hombre en busca de sentido", con los conceptos básicos de la Logoterapia.

En otro de sus libros, *La presencia ignorada de Dios*, Victor Frankl plantea que el hombre posee un inconsciente espiritual que complementa al inconsciente impulsivo que nuestro autor concibe dentro de un marco de referencia más amplio e integral: "El inconsciente no se compone únicamente de elementos impulsivos (según Sigmund Freud); tiene asimismo un elemento espiritual". El contenido del inconsciente aparece así fundamentalmente ampliado, y el inconsciente mismo es clasificado en impulsividad inconsciente y espiritualidad inconsciente.[1]

Más adelante Frankl aclara y amplía este concepto. Dice:

> En todo caso, Freud sólo vio en el inconsciente la impulsividad inconsciente; para él el inconsciente era ante todo un almacén de impulsividad reprimida. Es decir, no sólo existe lo impulsivo inconsciente, sino también lo espiritual: más aún, como trataremos de explicarlo, lo espiritual, o sea la existencia, es algo tan forzoso, y por ende tan necesario, por ser esencialmente inconsciente: En cierto sentido la existencia es siempre irreflexa, sencillamente porque es irreflexionable.

Luego Frankl concluye su reflexión:

> Una vez establecido que puede haber un elemento inconsciente tanto impulsivo como espiritual o, de otro modo, que lo espiritual puede ser tanto consciente como inconsciente, hemos de preguntarnos ahora hasta qué punto son nítidas las líneas de demarcación en esta doble frontera. Vemos en primer lugar que la frontera entre consciente e inconsciente es sumamente vaga o, por decirlo así, porosa: de una parte a otra se pasa con mucha frecuencia.[2]

Victor Frankl propone una postura coherente sobre la existencia del inconsciente espiritual en el aparato psíquico, sobre todo si tenemos en cuenta una visión integral del

---

1 Victor Frankl, *La presencia ignorada de Dios*, Ed. Herder, Barcelona, 1985, p. 21.
2 Victor Frankl, ibid, p. 22.

ser humano, dentro de la concepción judeo-cristiana. No podemos desdeñar ni excluir el aspecto espiritual de la estructura psíquica del hombre. Como dice el propio Frankl en la introducción al libro que estamos citando: "Ante la neurosis de masas, que se propaga con ritmo creciente en nuestros días, nadie que sea sincero y tome en serio la psicoterapia puede hoy como antes eludir su confrontación con la teología". En los sueños, no sólo aparecerán elementos de nuestro inconsciente reprimido, sino también, aspectos de nuestro inconsciente espiritual, a los cuales no sólo podemos prestar especial atención sino también deberemos analizar seriamente puesto que algunos de ellos son específicamente mensajes de Dios para nuestra vida.

Si tenemos en cuenta la frase tomada del Talmud que hemos citado, deberemos reconocer que quizás hemos descuidado la importante misión de los sueños y deberíamos preguntarnos con tristeza: ¿Cuántas cartas de Dios hemos dejado de leer? Hay numerosas referencias en la Biblia en las que Dios utiliza los sueños como recurso para transmitir mensajes. Tomaremos el caso de José, "el de los sueños", como un modelo de la manera en que Dios se revela a sus hijos y de qué forma. Cuando prestamos atención a Su mensaje, éste afecta todo el curso de nuestra vida.

José, el de los sueños

Durante los años de mi residencia de Psiquiatría, una de sus exigencias fue la lectura del libro *Interpretación de los sueños* de Sigmund Freud, el padre del psicoanálisis. Algo que me llamó la atención fue que al comienzo de su libro, y coherente con su trasfondo judío, menciona la historia de José y su interpretación de los sueños. Desde niño, como a muchas personas, me interesó la vida de José y su capacidad, al igual que la del profeta Daniel, para interpretar los sueños.

El relato comienza cuando José es joven y ya vislumbra, por revelación de Dios en sueños, que sus hermanos, y aun sus padres, se postrarían ante él. José comete luego la infidencia de contar con total ingenuidad estos sueños a su familia, lo cual despierta el previsible enojo de sus hermanos. Ellos lo llamaban despectivamente "José, el de los sueños", burlándose de él y considerándolo un lunático. En realidad, aunque no lo sabían, estaban definiéndolo de un modo muy preciso según sus conceptos de Dios: José, era por cierto un escogido de Dios y su don era el de interpretar los sueños.

Los padres amaban a José y le regalaron una túnica con hermosos colores. Esto aumentó el enojo de sus hermanos, siendo éste un motivo más para que tramaran un complot en su contra. Actuando de una manera cruel, lo vendieron a unos mercaderes madianitas que iban rumbo a Egipto. Luego le mintieron a su padre haciéndole creer que su hijo había muerto.

En Egipto, José, a pesar de haber llegado como un esclavo, logró cierto prestigio ante quien lo había comprado: un funcionario del Faraón llamado Potifar, quien lo nombró ayudante personal y mayordomo de su casa. Pero la historia se complica pues la esposa de Potifar se enamoró de José, a quien deseaba sexualmente. Cuando él se negó a aceptar sus invitaciones, con sus mentiras y falsas acusaciones ella hizo que su esposo usara su influencia y lo llevara preso.

Estando en la cárcel en Egipto, José tuvo la posibilidad de interpretar los sueños de dos servidores del Faraón que habían caído presos por haber ofendido a su señor, el Rey de Egipto. Se trataba del copero y el panadero del Faraón, quienes le pidieron a José que interpretara sus sueños. Entonces José les hizo una pregunta muy reveladora sobre la naturaleza de Dios: "¿Acaso no es Dios quien da la interpretación? ¿Por qué no me cuentan lo que soñaron? (Gn 40:8). Ellos le contaron sus sueños y José los interpretó con buenas noticias para el copero ya que éste volvería al servicio del Faraón, y con malas noticias para el panadero, pues sería ahorcado. Estas interpretaciones dadas por José se cumplieron a los tres días, tal como lo había anticipado. El copero, a quien José le había pedido lo recordara para interceder por su libertad ante el Faraón cuando llegara la oportunidad, se olvidó de él. Luego de dos años, en los que José continuó preso, el propio Faraón tuvo dos sueños que lo perturbaron. Mandó a llamar a los adivinos y sabios de Egipto, pero ninguno de ellos logró interpretar sus sueños. Fue entonces cuando el copero se acordó de José y de la promesa que él le había hecho en la cárcel. Se lo comunicó al Faraón, quien mandó a liberarlo para que se presentara de inmediato ante él. Cuando José y el Faraón se encontraron, éste le hizo la siguiente pregunta a José: "Tuve un sueño que nadie ha podido interpretar. Pero me he enterado de que, cuando tú oyes un sueño, eres capaz de interpretarlo". "No soy yo quien puede hacerlo –respondió José-, sino que es Dios quien le dará al Faraón una respuesta favorable" (Gn 41:15-16).

José no sólo interpretó los sueños correctamente sino que además le comunicó al Faraón lo que debía hacer. Entonces el monarca, sorprendido por la capacidad del joven, dijo: "¿Podremos encontrar una persona así, en quien repose el espíritu de Dios?" Luego le dijo a José: "Puesto que Dios te ha revelado todo esto, no hay nadie más competente y sabio que tú. Quedarás a cargo de mi palacio, y todo mi pueblo cumplirá tus órdenes. Sólo yo tendré más autoridad que tú, porque soy el rey" (Gn 41:38-41).

En su comentario bíblico Matthew Henry menciona que el Faraón le dio un nombre nuevo a José: "Le impuso ese nombre nuevo, para mostrar que tenía autoridad sobre él y, al mismo tiempo, para mostrar también cuán valioso lo consideraba. Lo llamó *Safnat-Panéaj*, que significa *Declarador de lo oculto*". Luego, al pie de la página, el autor agrega una nota en la que dice: "Según los egiptólogos, *Safnat* significa también 'hombre alimento' y *Panéaj* significa 'de la vida'. Así, José era tipo, también en esto, de Cristo, quien pudo llamarse a sí mismo 'pan de vida' (Jn 6:35)".[3]

En todo el relato se repite vez tras vez que Dios no abandonó a José ni aun en los peores momentos. Dios tenía un propósito para con él, y su capacidad para interpretar los sueños fue un instrumento que Dios usó para llevar a cabo sus propósitos. No fueron los poderes sobrenaturales de José para interpretar los sueños los que lo llevaron a tener "éxito" en la vida en la lejana y amenazante tierra de Egipto. Se trataba, más bien, de un plan mucho más amplio: Dios halló en José a un siervo fiel y honesto que supo llevar adelante lo que Él había dispuesto de antemano, no sólo para la vida de José, sino para su pueblo escogido... y en este plan, la interpretación de los sueños fue el instrumento fundamental para cumplir el propósito de Dios.

¿QUÉ NOS ENSEÑA LA HISTORIA BÍBLICA DE JOSÉ SOBRE LOS SUEÑOS?

José supo interpretar los sueños por el don que Dios le había dado. Entendió sus propios sueños, y luego, también

---

[3] Matthew Henry, *Diccionario Bíblico de...*, Editorial Clie, Terrassa, 1999, p.66.

los sueños de los demás. Pero tuvo que pasar por un tiempo de duro aprendizaje para dar a la interpretación de los sueños el lugar correcto en el contexto de la realidad que le tocaba vivir.

En sus primeros años, cuando vivía una etapa narcisista y egocéntrica, divulgaba sus sueños "sin filtrarlos", sin darse cuenta cuánto podía herir a quienes lo rodeaban. Luego, cuando ya le había tocado sufrir experiencias muy dolorosas, pudo crecer en el conocimiento de Dios y de sí mismo. Ya más maduro le tocó interpretar los sueños de sus compañeros de cárcel, el copero y el panadero y, posteriormente, también lo hizo ante el mismísimo Faraón. En estas situaciones supo ser prudente y dar las interpretaciones de manera tal que terminó beneficiando a las personas que requerían de su don de interpretación, y también utilizando esa capacidad para la realización de proyectos que actuaron en su beneficio: salir finalmente de la cárcel en el primer caso, y transformarse en un importante administrador habiendo interpretado los sueños del Faraón.

En conclusión, la interpretación de los sueños es una herramienta para comprender los mensajes que Dios quiere transmitirnos. Pero es importante que sepamos cómo utilizar esos mensajes de Dios aplicándolos según Sus propósitos para nuestra realidad. Sobre esto Anselm Grün dice:

> Estamos distanciados de nosotros. Vivimos no sólo en un mundo ateo, sino también en una realidad carente del yo, del sí mismo. En los sueños, irrumpe en la vida la realidad mental. Y no está dicho de antemano que los sueños sean menos reales que aquello que percibimos conscientemente. En ellos puede presentarse Dios, puede hablarnos. En el sueño surgen imágenes que, en apariencia, no tienen relación alguna con la

realidad, pero que nos descubren la esencia de ésta. Nos muestran el mundo y la vida desde una óptica muy distinta. Y los antiguos opinaban con razón que Dios nos habla en el sueño. Puesto que en él no obstruimos sus palabras con las nuestras, allí no podemos empujar a Dios a desempeñar un rol, sino que él es el actor y nosotros, los espectadores.[4]

El mensaje que deja la historia de José "el de los sueños" es que quienes prestan atención a los sueños como una fuente de comunicación con Dios no serán defraudados: Dios se comunicará con ellos en sueños y, a la vez, les dará la manera de interpretarlos para bendición de su vida y la de otros.

SOÑAR EN LA TENSIÓN ENTRE LA REALIDAD COTIDIANA Y LA DIVINA

La interpretación de los sueños tiene que ver con el contexto de la realidad en la que está desarrollando su vida cada persona, con su pasado, con sus planes y sus proyectos. Dios nos habla en sueños, y las personas que han aprendido a vivir con las expectativas puestas en Dios reciben sus mensajes. Es que cuando Dios desea comunicar un mensaje en sueños, toma el control de los mismos para transmitirlo con claridad a la mente y al corazón de las personas, y luego da también la capacidad de interpretarlos apropiadamente.

¡Qué bueno que podamos desarrollar nuestra vida en esa dimensión del plano superior celestial; que estemos en sensible comunicación con Dios, escuchando atentamente su voz, y prestando obediente atención a Sus mensajes!

---

4 AnselmGrün y Greppold Guido, *Sueños, mensajeros del alma*, Ed. Bonum, Buenos Aires, 2008, p. 10.

Mencionamos que existe una tensión entre la realidad cotidiana y la Divina. Es importante que siempre que nos aboquemos a la interpretación de un sueño, también tengamos en cuenta la realidad que estamos viviendo. Un sueño sacado del contexto de nuestra realidad no nos conducirá a una buena interpretación, sino que nos llevará a conclusiones caprichosas.

Lidia es una hermana de la iglesia, muy fiel en cumplir con el don que ha recibido de transmitir el evangelio con gracia, con respeto y con gran convicción. A través de su vida fueron muchas las personas que tuvieron un encuentro personal con Cristo gracias a su fidelidad para ejercitar este don.

En cierta oportunidad, Lidia me contó que tenía que entregar un mensaje a un hombre empleado de una tienda de la ciudad, a partir de un sueño que tuvo. En el sueño ella estaba predicándole a este señor que no era un conocido suyo.

Aunque era decidida para entablar contacto con las personas, en esta oportunidad ella sintió que no sabría cómo enfrentar a este hombre para cumplir su misión ¿Cómo explicarle que estaba allí debido a un sueño del que él había sido parte? ¿Podría este hombre entender qué era lo que movilizaba a Lidia para entablar una conversación con él? ¿No malinterpretaría que Lidia hubiera soñado con él?

Con temor y cierta vergüenza, finalmente decidió obedecer las instrucciones que Dios le había dado en sueños. Se presentó ante esta persona en su negocio y rápidamente entró en conversación y pudo entregarle el mensaje que tenía preparado para él. El hombre la escuchó con interés y respeto.

Lidia nunca supo las consecuencias del impacto del mensaje en la vida de su interlocutor. Sin embargo, se sintió feliz y en paz con Dios de haber cumplido Su voluntad.

4

Para interpretar los sueños debemos prestarles atención

¡Cuántos hombres están cerrados sobre sí mismos, acantonados en sus propios prejuicios y sus automatismos mentales! El recogimiento es una actitud abierta, abierta hacia las dos direcciones, abierta hacia Dios y abierta hacia la vida real; es una escucha, una escucha atenta y confiada. Una sola palabra recibida en el recogimiento puede trasformar toda una vida.

Paul Tournier

Atender a los sueños es una manera de meditar

Si desarrollamos la capacidad de escuchar a Dios, podremos entablar un diálogo constante durante el día y la noche. Ese diálogo puede llegar a ser fluido y natural en la intimidad de nuestro ser, en nuestro corazón en el que Jesús habita. Puede suceder que estemos absorbidos con temas de nuestras ocupaciones diarias, pero en un nivel más profundo el Espíritu Santo nos mantendrá en la comunión íntima con Jesús.

Existe una antigua bendición irlandesa que algunas tradiciones atribuyen haber sido escrita por el propio San Patricio, que dice:

> Que el camino venga a tu encuentro.
> Que el viento sople suave a tus espaldas.
> Que el sol brille siempre cálido en tu rostro.
> Que la lluvia caiga mansa sobre tus campos.
> Y hasta tanto nos volvamos a encontrar,
> que Dios te guarde suavemente en la palma de su mano.

Lo que literalmente dice la primera línea, y todo lo que expresa el espíritu de esta bendición, da cuenta de la manera en que Dios se manifiesta al hombre: Dios es el camino que viene a nuestro encuentro. Nos visita y nos habla de distintas maneras o a través de distintas manifestaciones: las circunstancias de la vida (que al igual que otras expresiones pueden pasar desapercibidas), un sueño, una visión, su voz audible, o alguna otra manera que Él disponga. Lo importante es que cuando el Señor nos hable estemos listos y dispuestos a escucharlo y a entender su mensaje. Recuerdo a un amigo que solía decirme: "No siempre debemos buscar el camino. A veces de tanto insistir en lo que buscamos, lo que logramos es desencontrarnos con el camino que nos está buscando a nosotros".

El rabino y escritor Harold Kushner, basándose en el Salmo 23:6("El bien y la misericordia te seguirán todos los días de tu vida"), expresa algo similar a lo que venimos diciendo:

> No podemos elegir ser saludables, atractivos, talentosos. Pero podemos elegir que nos guste lo que somos, ya sea que eso incluya o no todas estas bendiciones. No tenemos que perseguir la fama y la fortuna. Sólo tenemos que detenernos y dejar que nos encuentre;

cualquiera que sea el momento de nuestras vidas ... no tenemos que buscar la gracia sino dejar que ella nos encuentre.[1]

Lo mismo sucede con la voz de Dios en su intención de comunicarse con nosotros. Atender a la voz de Dios significa estar abiertos y sensibles a sus manifestaciones: en el mensaje de la Biblia, en su creación, en la relación con el prójimo, y en la observación y el conocimiento de nosotros mismos.

Es necesario conocernos a nosotros mismos para poder conocer a Dios. Como alguien comentaba: "¿Cómo podemos decirle a Dios: 'te ofrezco mi vida', si ni siquiera sabemos quienes somos?"

Dice Grün respecto al sueño de Jacob: Jacob vio en sueños una escalera cuya cima tocaba los cielos (Gn 28:10-12).

> Jacob estaba huyendo de su hermano Esaú. Hay piedras que obstaculizan su camino. Y junto a una de esas piedras sueña que ese es un lugar de Dios. En el sueño reconoce una realidad que, de otro modo, no habría advertido. Dios mismo está presente, rodeándolo en medio del desierto, en medio de su travesía. Dios se le aparece justamente en esa piedra que estorba su senda. Y Jacob erige allí una estela en memoria de la experiencia que ha tenido. A veces pasamos sin advertir la realidad. Necesitamos entonces sueños para reconocer lo que es real, para reconocer que de cada lugar de nuestra vida se eleva una escalera hacia el cielo, precisamente de esas piedras que estorban

---

[1] Harold Kushner, *El Señor es mi pastor*, Ed. Emece, Buenos Aires, 2002, p. 189.

nuestro camino. Ellas podrían abrir nuestra senda a la presencia de Dios que nos rodea en todas partes.[2]

Para que los sueños rindan sus frutos de revelación, es necesario que primero deseemos profundamente conocernos a nosotros mismos y la obra de Dios en la formación de nuestra identidad. Los sueños nos revelan secretos, son una ventana del alma a la que podemos echar mano para descifrar códigos de nuestro mundo interior. Este mundo interior es inabarcable y misterioso. Así lo expresó el psiquiatra Carl Jung quien dijo: "Yo descubrí, que mientras más miraba dentro de mi propio espíritu y del espíritu de mis pacientes, veía extenderse ante mi un misterio interior objetivo e infinito, tan vasto y maravilloso como un cielo lleno de estrellas desplegado sobre nosotros en una noche de invierno clara y sin luna."[3]

Creo que hay una fuerte afinidad entre la práctica de la meditación cristiana y el trabajo de descifrar nuestros sueños. Por eso decimos que la meditación cristiana es como un peregrinaje a nuestro corazón para encontrarnos en la intimidad con Dios.

Richard Foster, refiriéndose a la meditación cristiana, aconseja que una buena manera de comenzar con la práctica de la meditación es precisamente atendiendo a nuestros sueños. Dice este maestro de las disciplinas espirituales: "Para aprender a meditar podemos comenzar con nuestros sueños, ya que eso sólo implica un poco más de atención a algo que en realidad ya estamos haciendo. Durante quince siglos, los

---

[2] Anselm Grun, *Con el corazón y todos los sentidos*, Ed. Lumen, Buenos Aires, 2003, p. 234.

[3] Lawrance Van Der Post, *Jung y la historia de nuestro tiempo*, Ed. Sudamericana, Buenos Aires,1978, p. 223.

cristianos mayoritariamente consideraron que los sueños eran una manera natural en que el mundo espiritual irrumpía en nuestra vida". Luego cita al escritor Morton Kelsey, quien en su libro *The Other Side of Silence*, escribió lo siguiente: "... todos los principales Padres de la iglesia primitiva, desde Justin Mártir hasta Ireneo, y desde Clemente y Tertuliano hasta Orígenes y Cipriano, creyeron que los sueños eran un medio de revelación".[4]

Si los Padres de la Iglesia creían en los sueños de esta manera, nosotros también podemos creer en ellos confiadamente. No somos más sabios que nuestros padres espirituales y podemos aprender de ellos con humildad. Puede suceder que el pensamiento racional y técnico ha confundido y bloqueado nuestra capacidad de pensar con independencia. Creemos que los dioses modernos, la tecnología y la ciencia, lo abarcan todo, y que nosotros, que supuestamente no tenemos las herramientas técnicas, somos incapaces de lidiar con nuestros sueños.

Es hora de recuperar nuestros sueños. Ellos nos pertenecen: provienen de nuestro inconsciente y de nuestra alma. Están hechos con el material de nuestro ser interior, con nuestra identidad, con nuestra forma de ser, con nuestros recuerdos y afectos, aspectos todos estos que nos pertenecen, que son parte de la memoria de nuestro tránsito por la vida. Con cierta práctica y ayuda, cuando sea necesario, podemos interpretarlos y guiarnos por ellos en la vida. Animémonos a interpretar nuestros sueños, a entrar en diálogo con ellos, a

---

4 Richard Foster, *Alabanza a la disciplina*, Editorial Betania, Puerto Rico, 1986, p. 39

conocernos a través de ellos a nosotros mismos y a Dios que está con su mirada amorosa animándonos en este camino.

Podemos recurrir a los sueños como fuente de conocimiento de nosotros mismos

El profesor de psiquiatría y escritor Irvin Yalom escribe:

> ¿Por qué tantos terapeutas jóvenes evitan trabajar con los sueños? Mis supervisados me dan distintas respuestas. Muchos se sienten intimidados por la naturaleza de la literatura sobre los sueños, tan voluminosa, compleja, arcana, especulativa y controvertida. Los estudiantes por lo general se sienten confundidos por los libros sobre la simbología de los sueños y por la profusión de los debates mordaces entre freudianos, junguianos, gestálticos y visionarios... Otros se sienten frustrados y descorazonados por la forma misma de los sueños, por su naturaleza efímera, críptica, extravagante y de pesados disfraces.[5]

Algo similar nos dice Richard Foster al analizar por qué el hombre moderno –y podemos incluir aquí a los cristianos de la actualidad– no presta atención a sus sueños:

> Con el racionalismo del Renacimiento vino cierto escepticismo acerca de los sueños. Luego, en los días del desarrollo de la psicología, Freud hizo hincapié esencialmente en el lado negativo de los sueños, ya que casi toda su investigación se dedicó a la enfermedad mental. Por tanto, los hombres modernos han

---

5 Irvin Yalom, *El don de la terapia*, Ed. Emecé, Buenos Aires, 2002, p. 239

tenido la tendencia de pasar completamente por alto los sueños, por temor a que el interés en ellos pudiera conducir a la neurosis. No tiene por qué ser así; de hecho, si les ponemos atención pueden ayudarnos a hallar creciente madurez y salud.[6]

Rescatemos el lenguaje de los sueños, de los cuales la Biblia está llena de relatos en los que ellos ocupan un lugar destacado en el diálogo de Dios con los hombres. Podríamos decirnos a nosotros mismos: "A partir de ahora le prestaré atención a mis sueños, los tomaré con seriedad en mi vida, y precisamente porque soy cristiano, prestaré atención a lo que Dios pueda decirme a través de ellos, pues creo en un Dios que me ama y que desea comunicarse conmigo". Podemos preguntarnos entonces: "¿Por qué limitar al Dios amoroso que en sus múltiples lenguajes quiere llegar a través de mis sueños a mi corazón?"

TRES PASOS PARA APRENDER A INTERPRETAR LOS SUEÑOS

Hay algunas cosas que debemos saber si deseamos interpretar nuestros sueños. Se trata de una disciplina que debemos desarrollar para avanzar en este fértil terreno del conocimiento de Dios y de nuestro ser interior. Richard Foster propone tres pasos básicos en esta disciplina, y los tomaremos como referencia: El primer paso consiste en invitar a Dios en oración a que nos hable a través de los sueños; el segundo, en prestarles atención a los sueños y trabajar en ellos, y el tercero, en aprender a interpretarlos. A continuación analizaremos cada uno de estos pasos.

---

6 Richard Foster, *op. cit.*, p. 39

1. Primer paso: invitar a Dios en oración a que nos hable a través de los sueños

Si deseamos descubrir este instrumento que fue tan útil en la vida de grandes personalidades de la Biblia, como Jacob, José y Daniel, debemos pedirle a Dios que Él nos hable por este medio.

Un amigo me comentó en estos días que tenía ciertas dudas en relación con su trabajo. Me contó que tenía un trabajo nuevo que le gustaba y que quería conservar, pero no sabía con certeza si estaba actuando correctamente. Entonces le pidió a Dios que le mostrara en sueños cómo estaba la relación con su jefe; si era la correcta o si debía cambiar en algo. En una de las siguientes noches tuvo un sueño en el que se vio a sí mismo en un lugar espacioso, como un parque, en el que compartían un brindis. Estaba él mismo con algunos compañeros de trabajo, su jefe y algunos de sus superiores. Todos estaban contentos, y la conversación era fluida y amable. Mi amigo se levantó esa mañana con la convicción de que la relación con su jefe era correcta y debía seguir por ese camino en su trabajo. Yo me quedé interesado por lo que me estaba comentando y le pregunté si solía pedirle a Dios que le hablara en sueños con frecuencia. Me respondió que sí –y esto me sorprendió gratamente pues yo no lo sabía-, que cuando tenía dudas o conflictos con determinadas situaciones de su vida, le pedía a Dios que le mostrara en sueños cuál era el camino a seguir.

¿Deseamos realmente acceder a este mundo misterioso que Dios pone a nuestra disposición? ¿Nos animamos a enfrentar este recurso? ¿Qué cuidados debemos tener?

Dice R. Foster:

> Si estamos convencidos de que los sueños pueden servir como llave para destrabar la puerta del mundo interno, podemos hacer cosas prácticas. En primer lugar, podemos orar específicamente para invitar a Dios a que nos informe a través de los sueños. Debemos decirle que estamos dispuestos a permitir que nos hable de esta manera. Al mismo tiempo, es prudente pedirle protección, ya que el hecho de abrir nuestras puertas a la influencia espiritual puede ser peligroso, así como también puede ser de provecho. Simplemente le pedimos a Dios que nos rodee de su protección mientras él mismo se comunica con nuestro espíritu.[7]

Esta recomendación de invitar a Dios para que, si Él lo disponemos hable en sueños, es muy importante, pues demuestra nuestro compromiso a escucharlo y a estar atentos a lo que Él quiera decirnos en este mundo misterioso. Quizá no creamos demasiado o seamos escépticos sobre el mundo de los sueños. Quizá estemos temerosos o nos sintamos avergonzados de nosotros mismos por intentar entrar en ese mundo al que previamente considerábamos irracional y absurdo. Sin embargo, este paso de fe es sumamente valioso: es como si le dijéramos una oración que expresara más o menos este sentir y esta actitud: "Aquí estoy Señor, con mi incredulidad, con mi dura lógica racional, pero estoy a tus pies abierto a que me hables de una manera diferente. No me siento capacitado para interpretar lo que quieras decirme, pero te pido que seas Tú mismo quien me hablas, el que me haga entender tu mensaje. Que pueda decir como José en Egipto: '¿No es Dios quien da las interpretaciones?' Protégeme de toda acechanza oculta o desconocida, y de mi temor.

---

[7] Ibid., pp. 39-40.

Tómame en tus manos, Espíritu Santo, pues me entrego a Ti como un niño iniciando una maravillosa aventura. Lo pido en el nombre de nuestro Señor Jesucristo. Amén".

El consejo de pedir protección si nos abrimos al mensaje de los sueños es pertinente. Un buen amigo y colega médico me comentó que, un tiempo posterior a su conversión a Cristo y durante aproximadamente un mes, tuvo sueños en los que experimentaba que luchaba literalmente con fuerzas espirituales que lo llenaban de temor. Cada noche, al irse a dormir, oraba con fervor a Dios pidiéndole ser protegido durante aquellos sueños que lo acechaban. Luego de un tiempo los sueños comenzaron a menguar en su intensidad y finalmente desaparecieron para no volver a presentarse nunca más.

Un sueño con instrucciones precisas para salvar una vida

Eduardo es un médico cirujano con gran experiencia de nuestra iglesia. Cierta vez me comentó que en una oportunidad debía hacer una intervención quirúrgica difícil, programada para el día siguiente temprano en la mañana. Se acostó la noche anterior preocupado ya que era una intervención complicada y no tenía la certeza de ciertos aspectos técnicos sobre cómo debía realizarla. Se trataba de un cáncer gástrico alto, casi en la unión con la parte inferior del esófago. Una zona de acceso quirúrgico complejo.

Esa noche pidió en oración la guía de Dios para la operación del día siguiente, y luego pudo conciliar el sueño... y tuvo sueños. A la mañana se despertó muy contento y seguro de sí mismo ya que por la noche soñó que había hecho esa operación completa del principio al fin, y recordaba paso por paso lo que debía hacer.

Luego de desayunar le agradeció a Dios por su revelación durante el sueño y se encomendó a Él para realizar la operación. Ya en el quirófano donde lo esperaba su equipo de cirugía junto al paciente, llevó a cabo la intervención tal como la había soñado, la cual resultó un éxito. Al poco tiempo el paciente se iba a su casa recuperado y agradecido a su médico.

El Dr. Cherian Thomas, un médico de la India y un buen amigo que se desempeñó por varios años como Presidente de la Sociedad Médica Cristiana de su país, me compartió un caso similar al mencionado, recibiendo instrucciones para salvar una vida, aunque no fue a través de un sueño. El lo relata de esta manera:

En 1981 estuve tratando a un colega y amigo, un oftalmólogo en el Hospital Wanless, Miraj, India. Él había desarrollado pancreatitis aguda con un Síndrome de distress respiratorio de adulto. Tenía sólo un respirador artificial ciclado por presión, el cual no tenía la capacidad para proveerle suficiente oxígeno a sus dañados pulmones. Yo pude ver cómo iba lentamente tornándose anóxico y durmiéndose. Oré fervientemente y rogué a Dios que me mostrara alguna forma de ayudar a mi amigo. Entonces, algo me condujo a la biblioteca del hospital y me remití a libros y revistas buscando cómo resolver el problema de mejorar el soporte ventilatorio. ¡De repente vino a mí la respuesta! Conectando un tubo desde la válvula de salida respiratoria a una botella bajo agua podría proveerle de PEEP (presión positiva de final de espiración) y mejorar la ventilación. Me apuré a volver a la UTI (unidad de terapia intensiva) y realizar los arreglos. En unas pocas horas el nivel de oxígeno del paciente mejoró. En unos pocos días dejó el respirador y caminó hasta su casa ¡Este, creo yo, fue un milagro que Dios realizó en mi vida!

2. Segundo paso: prestarles atención a los sueños y trabajar en ellos

Comenzamos este capítulo enfatizando la importancia de prestarles atención a los sueños, y repetimos aquí una vez más que para interpretarlos sería de ayuda escribirlos cuando apenas nos despertamos, cuando aún los tenemos vívidos en nuestra memoria, y luego, durante el día —o los próximos días— dedicar tiempo de recogimiento para meditar en ellos. También, entre otros aspectos importantes aprenderemos a distinguir cuáles son significativos y cuáles no. Al respecto, Richard Foster afirma que:

> Las personas no recuerdan los sueños por cuanto no les ponen atención. El hecho de llevar un registro de los mismos es una manera de tomarlos en serio. Por supuesto, es necio considerar que todo sueño es tan profundamente significativo como una revelación de Dios. La única actitud que es aún más necia es la de considerar que todos los sueños son algo caótico e irracional. Al escribir nuestros sueños, comienzan a surgir ciertos patrones y vienen ciertos discernimientos. No pasará mucho tiempo antes de que nos sea fácil distinguir entre los sueños significativos y los que son el resultado de haber visto una película en horas avanzadas de la noche anterior.[8]

Me gustaría compartir un fragmento de una carta que en cierta oportunidad me envió Cecilia, una sobrina que

---

8 *Ibid.*, p. 41.

recientemente se ha recibido en la carrera de medicina: "Hace unos años empecé a aplicar un método: apenas me despierto trato de hacer consciente lo que soñé. Si es algo que me llama la atención lo escribo en un cuaderno. Así, a lo largo de estos últimos cinco o seis años he ido registrando algunos sueños que son recurrentes y varios años después, una noche inesperada se resuelve y no lo vuelvo a soñar; y también he tenido algún sueño único y muy significativo, al menos para mí. Este ejercicio me ha hecho mucho bien y me ayuda a conocerme y hacer consciente varios temores y dificultades".

¡Qué bueno poner en práctica, como Cecilia, esta disposición para atender a los sueños y aprender de ellos a conocernos y a exteriorizar nuestros miedos!

3. Tercer paso: Cómo interpretar los sueños

Así como en el primer paso le pedimos a Dios que intervenga en nuestros sueños, también recurrimos a Él para pedirle que nos guíe y nos dé discernimiento para interpretar adecuadamente su contenido. También podemos recurrir a la ayuda y guía espiritual de alguna persona de nuestra confianza, un tutor o un pastor, para que nos oriente en esta búsqueda. Dice Richard Foster: "La mejor manera para descubrir el significado de los sueños consiste en pedir; 'no tienen, porque no piden'." (Stg 4:2). Podemos confirmar que Dios nos dará discernimiento si lo necesitamos y cuando sea necesario. Algunas veces resulta útil buscar a aquellos que tienen capacidades especiales para estas cosas.

¿Se nos había ocurrido alguna vez solicitarle a alguna persona que nos ayude para desarrollar la capacidad de interpretar nuestros sueños? Si estamos realmente interesados, ¿por qué no probamos recurriendo a la persona que consideramos la más indicada para esta función tan especial? Richard Foster menciona a Benedicto Pererius, un jesuita del siglo XVI, quien sugirió que el mejor intérprete de sueños es "la persona que tenga abundante experiencia en el mundo de los asuntos de la humanidad, que tenga un amplio interés en todo lo humano, y que esté accesible a la voz de Dios".[9]

Morton Kelsey, agrega sobre este tema: "Desde hace veinte años me ocupo de los sueños de otras personas y desde hace veinticinco años, de mis propios sueños. Nunca experimenté que un sueño haya llevado a equivocarse a alguien, en la medida en que no haya observado el mismo literalmente, sino en forma simbólica. Además, descubrí que el sueño nos quiere mostrar cómo poder llegar a la integridad".

De lo que aquí se trata no es que otra persona interprete nuestros sueños mientras nosotros tomamos una actitud relativamente pasiva frente a ellos, sino de que nosotros participemos activamente de la interpretación. Pero es necesario en primer lugar desear hacerlo, interesarnos apasionadamente y buscar caminos creativos.

---

9 Ibid, p. 40

5

LOS SUEÑOS Y LA SABIDURÍA DEL INCONSCIENTE

Durante el sueño el inconsciente está activo, se presenta en los sueños. Y la realidad de los sueños es tan real como la realidad del consciente despierto. Si queremos vivir con salud, debemos observar también la realidad de los sueños. Debemos escuchar lo que nos dicen nuestros sueños.

Anselm Grün

UNA EXPERIENCIA QUE TERMINÓ SIENDO UN BUEN ESTÍMULO

Hace varios años ocurrió un hecho que, de un modo inesperado, marcó mi vida. Fui invitado a predicar en una iglesia de mi ciudad. El mensaje que preparé fue sobre la historia de José según el relato del libro de Génesis, y el tema apuntaba a mostrar a José como un modelo al cual los cristianos podemos imitar. Una de las aplicaciones del mensaje fue que Dios utiliza diversas maneras de hablarnos y que Él puede hacerlo también a través de nuestros sueños.

Al terminar mi sermón, se generó un debate que me tomó por sorpresa. Algunos de los presentes pusieron en duda de que Dios puede hablarnos en sueños en el tiempo presente. Recuerdo que en ese momento se me ocurrió preguntar si alguno había recibido alguna vez un mensaje de Dios en sus sueños. Pronto se puso de pie un hombre sencillo quien contó emocionado y dando abundantes detalles de la manera en que Dios le había hablado claramente en sueños, y cómo lo guió al día siguiente a un encuentro personal con Cristo, un encuentro que le transformó la vida. Yo quedé muy emocionado por su testimonio sincero. Se trataba de un caso excepcional de cómo Dios se revelaba en sueños. Sin embargo, la reunión terminó con cierta tensión y desconfianza de parte de estas personas que descreían de la importancia que puede tener el lenguaje de los sueños en la vida de los cristianos.

Pasó el tiempo y no pude olvidarme de la reacción de alguno de los miembros de esa iglesia; no podía entender porqué algunos dudaban de este medio de comunicación de Dios con nosotros. Puse esta preocupación en oración pidiéndole a Él que me instruyera, que me hablara con claridad sobre este tema y comenzó a contestar mis oraciones de una manera inesperada: empezó a manifestarse en mis sueños, a tal punto que el tiempo de los sueños comenzó a ser un momento muy especial para mí. A veces me daba mensajes, en otras oportunidades despertándome de noche para darme la interpretación correcta de algunos hechos que habían sucedido durante el día (quizás en relación con algún tema al que yo ni siquiera le había prestado atención en la vigilia), y otras veces mostrándome errores personales que debía corregir o personas ante las cuales debía aclarar alguna situación por alguna torpeza cometida que podría haberla ofendido.

Mi interés por la manera en la que Dios se revela fue incrementándose de un modo inesperado, precisamente porque estaban ocurriendo en mi propia experiencia. Quizás podría decir que esto es lo que me motivó para que finalmente me pusiera en la empresa de escribir este libro. El tema nunca me abandonó y se transformó en un gran tesoro para mí.

Y como dice Ernesto Sábato en su libro *El escritor y sus fantasmas*: "El tema no se debe elegir: hay que dejar que el tema lo elija a uno. No se debe escribir si esa obsesión no acosa, persigue y presiona desde las más misteriosas regiones del ser, a veces, durante años." ¡Eureka!, dije asombrado. ¡Precisamente eso es lo que me estaba sucediendo a mí!

La sabiduría del inconsciente

El psiquiatra estadounidense Scott Peck, quien escribió *La nueva psicología del amor* (un libro que tuvo un impacto extraordinario en su país), con su fresca mirada a la psiquiatría tradicional, plantea, entre otros temas, que el inconsciente, lejos de ser un factor que promueve las enfermedades psicológicas a través de los elementos reprimidos, es precisamente lo contrario: una fuente de salud y sabiduría que preserva permanentemente al ser humano de trastornos psíquicos severos. Scott Peck dice:

> Freud y sus primeros discípulos tendieron a concebir el inconsciente como un depósito de lo primitivo, de lo antisocial y de lo malo que mora en nosotros. A Jung le cupo la responsabilidad de comenzar a corregir esta concepción y lo hizo de muchas maneras, incluso la de acuñar frases como "La sabiduría del inconsciente". He llegado a la conclusión de que la enfermedad mental no es un producto del inconsciente; por el contrario, creo que es un fenómeno de la conciencia

o una relación desquiciada entre lo consciente y lo inconsciente.¹

Un buen ejemplo de cómo funciona el inconsciente es el de los lapsus o deslices verbales, que en realidad son manifestaciones del inconsciente que describió Freud. Pero a estos no debemos verlos necesariamente como aspectos psicopatológicos, con una connotación negativa, ya que, por el contrario, son un esfuerzo del inconsciente para que la verdad oculta aparezca a la conciencia ante la escucha atenta y aguda del terapeuta, y entonces favorecen el proceso de la terapia o la curación. Quizás en esos momentos el paciente quiere oponerse a la terapia, quizás no quiere colaborar con el terapeuta. Pero el inconsciente, que está aliado con el terapeuta, pugna en dirección de la honestidad y de la verdad para que el paciente exprese su verdadero ser.

En lo concerniente al conocimiento de nuestra auténtica identidad, el inconsciente es sabio en cuanto nos aporta datos para que podamos conocernos, para que, en la mayor medida posible, lo que pensamos conscientemente que somos coincida con lo que realmente somos. Dice Scott Peck: "Si identificamos nuestro yo con el concepto que tenemos de nosotros mismos o con la autoconciencia, debemos decir que el inconsciente es una parte de nosotros más sabia que nosotros mismos. Lo cierto es que nuestro inconsciente es más sabio que nuestro yo consciente en todas las cosas".²

Estoy de acuerdo con el concepto de que el inconsciente es una reserva de sabiduría y de salud para el ser humano;

---

1 Scott Peck, *La nueva psicología del amor*, Ed. Emecé, Buenos Aires, 1978, p. 25
2 Scott Peck, *ibid.*, p. 262.

está siempre "atento" para ver de qué manera puede mostrar a la persona y a su entorno aspectos de su auténtica identidad con el objetivo último de promover su crecimiento psicológico y espiritual.

Otro modo de captar los mensajes del inconsciente, y mucho más importante y eficaz, es a través de los sueños.

Los sueños: el camino preferido del inconsciente

Hemos establecido que el inconsciente está constituido por un área espiritual o inconsciente espiritual. En este capítulo comprobamos que el inconsciente posee una gran sabiduría transformándose en una fuente de salud y crecimiento psicológico y espiritual para la persona. El Dr. Paul Tournier lo sintetiza muy bien a través de una visión integradora de lo que él llama *Medicina de la persona*:

> Nada mejor que una imagen para esclarecer la perspectiva bíblica. Existen coches a propulsión trasera y coches a propulsión delantera. Los instintos de Freud son al alma lo que la propulsión trasera es a los coches del primer tipo; en tanto que las aspiraciones espirituales del alma, los arquetipos de Jung, son comparables a las tracciones delanteras. Pero tal cual la Biblia nos la presenta, el alma es como un coche en que las cuatro ruedas son motrices –¡qué soplo espiritual infundido por Dios al hombre!–; pone a la vez en movimiento los instintos propulsores de Freud y las aspiraciones atractivas de Jung. Según la Biblia, es Dios mismo quien nos ha dado el instinto, que obra y se comunica en la Naturaleza y es también Dios quien llama al hombre hacia sí y despierta en él una vocación. Para la Biblia, el hombre es impulsado

a la vez por las dos fuerzas conjuntas; ambas tienen un mismo origen motriz: Dios.[3]

Hemos establecido que el inconsciente, que sabe cómo somos realmente, se comunica a la conciencia de las personas que están despiertas a la realidad de su mundo interior, o al terapeuta atento, a través de los lapsus y los pensamientos vanos y también a través de la otra gran vía: los sueños.

Nuevamente citamos a Scott Peck quien hace una enumeración de los aportes que hacen los sueños a la resolución de aspectos complicados de la vida y a la sabiduría necesaria para resolverlos y a cómo vivir mejor y más profundamente:

> Según mi experiencia, los sueños que pueden interpretarse suministran invariablemente información útil al soñante. Esa ayuda se presenta en muy variadas formas: como advertencia de peligros personales, como guías para hallar la solución de problemas que hemos sido incapaces de resolver, como indicación apropiada de que estamos equivocados cuando pensamos que tenemos razón y como correcto aliento de que estamos en lo cierto cuando pensamos que probablemente estamos equivocados; como la fuente de la necesaria información que nos falta sobre nosotros mismos; como orientadores cuando nos sentimos perdidos y como indicadores del camino que debemos recorrer cuando andamos tropezando y a los tumbos.[4]

En lo personal considero que Dios actúa con particular preferencia en nuestro inconsciente y a través de nuestro inconsciente para acompañarnos en el proceso de sanidad,

---

3 Paul Tournier, *Biblia y medicina"*, Ed. Gomez, Pamplona, 1961, pp. 83-84.
4 Scott Peck, *op. cit.*, p. 255.

crecimiento y transformación de las personas, algo que, si nos remontáramos al Antiguo Testamento, podríamos llamar "el Shalom" de Dios para el hombre ¿Qué es el Shalom? La palabra y el concepto provienen del contexto judío. Se refiere a la salud y el bienestar que Dios brinda al hombre: una salud amplia, entendida como salud integral, un bienestar que afecta lo físico, pero también incluye la paz interior y produce el conocer a Dios y el conocernos a nosotros mismos. Todo esto provee a la persona de amabilidad y templanza, bienestar integral, madurez para enfrentar la vida y la capacidad para responder con responsabilidad y sabiduría ante las demandas de la vida.

En el conocido Salmo 23 vemos el Shalom expresado, en términos generales, en todo el espíritu del Salmo: es el deseo del Shalom de Dios para el ser humano. De ese hermoso Salmo podemos tomar frases como: "has llenado mi copa a rebosar", es como decir: me siento tan pleno, tan gozoso, que no podría pedir nada más de la vida; mi corazón está rebosando de alegría, de felicidad y de gratitud. Más adelante dice: "La bondad y el amor me seguirán todos los días de mi vida; y en la casa del SEÑOR habitaré para siempre." Es bueno saber que toda nuestra vida está bajo la mirada amorosa de Dios, que nos ama, que nos perdona y acepta como somos, que nos tiene misericordia. Entre estas manifestaciones de su cuidado tierno, que nos sigue a través de toda nuestra vida, están los sueños, que nos aconsejan, que nos traen siempre un mensaje que apuntala nuestro proceso de crecimiento interior. Es Dios quien expresa su Shalom de distintas maneras para que vivamos vidas plenas de sentido, integradas, en paz y agradecidas... es decir, en la plenitud del Shalom de Dios. Es lo que expresa Proverbios 4:18 "La senda de los justos se asemeja a los primeros albores de la aurora: su esplendor va en aumento hasta que el día alcanza su plenitud". ¡Qué hermoso objetivo en la vida: poder seguir creciendo hasta el mismo momento de nuestra muerte; que en ese preciso instante que pasemos a la presencia de Dios, en paz y plenitud, nuestra luz interior brille como el sol del mediodía!

Los sueños no nos dicen qué debemos hacer

Los sueños nos ofrecen sugerencias, opciones de sabiduría, soluciones posibles, indicaciones e incluso premoniciones, pero dejan a la conciencia la decisión sobre cuál es el camino que debemos seguir ante cada circunstancia que se nos presenta; depositan en nuestras manos el poder y la responsabilidad sobre lo que decidamos qué hacer. Podríamos decir que los sueños son nuestros consejeros.

En muchas ocasiones los sueños funcionan como compensatorios, es decir, que en ellos la persona puede resolver situaciones que han quedado insatisfechas, reprimidas u omitidas en la vida diaria. El inconsciente, que pertenece a la conciencia global, incorpora los elementos que han sido desatendidos en la vida diurna. Pero precisamente esos elementos son los que contribuyen a mantener el equilibrio u homeostasis psíquica. El inconsciente nos ayuda a tener una visión más completa e integrada de la realidad.

Muchas veces encontramos personas que se asustan de sus sueños porque los asocian con acontecimientos malos o negativos que van a suceder. Pero, por el contrario, los sueños nos hablan de la realidad que nos pertenece y nos muestran aspectos que hemos descuidado, a los que deberíamos prestarles más atención. Los sueños nos dicen de una manera amable y sugerida con imágenes. Es cierto que éstas a veces pueden ser fuertes y pueden asustarnos, pero son siempre como un consejo al que podemos prestarle atención.

INTERPRETACIÓN DE LOS SUEÑOS EN EL PLANO OBJETIVO Y SUBJETIVO

La escuela de Carl Jung distingue dos maneras de interpretar los sueños: una en el plano objetivo y otra en el plano subjetivo. La interpretación en el plano objetivo está relacionada con las personas y los objetos que aparecen en los sueños. En realidad, lo que hacen estos sueños es trabajar con las personas y los objetos con que nos hemos vinculado durante el día y precisamente nos llaman la atención sobre aspectos de situaciones que estábamos viviendo y que eran importantes y que no tuvimos en cuenta.

También podemos afirmar que es Dios mismo quien nos llama la atención sobre estos "detalles" a los que hemos estado poco atentos: ¿Qué le sucedía a mi amigo que estaba molesto conmigo? ¿Estaría atravesando un problema sobre el cual yo no me interesé? El inconsciente me envía un dato que considera importante que yo reconozca. Al prestar atención al sueño puedo tener una visión más completa de la realidad.

El segundo plano de interpretación de los sueños es el subjetivo. Las cosas que suceden en los sueños están vinculadas en realidad a hechos que tienen que ver con mi interioridad: con mis temores, mis alegrías, mis planes para el futuro. Debo pensar de qué manera los sueños hablan mediante metáforas de mi vida; imágenes que me ayudarán a conocerme y a vivir mejor. Anselm Grün describe un sueño que nos servirá para ilustrar lo que estoy mencionando:

Sueño con un auto al cual no puedo controlar con el volante, y que me lleva a donde quiere sin dejarse dirigir por mí; eso puede ser símbolo de que he perdido el control sobre mí mismo, de que estoy siendo gobernado por fuerzas inconscientes. O bien sueño que quiero subir con mi auto una cuesta. Acelero y acelero pero el auto no se mueve, no salgo del punto en el que estoy parado. Entonces habré de preguntarme por qué en mí no hay fuerzas suficientes para las tareas que me aguardan; si acaso no estoy ante una montaña de problemas sin haber cargado suficiente combustible. Y puedo meditar cuáles serían para mí las fuentes de energía. Si trato con Dios sobre ese sueño, entonces Dios me indicará ciertamente mis fuentes interiores que yo he cegado, me llamará la atención sobre su gracia, a la cual niego entrada en mi vida. Así pues el sueño no me da ninguna indicación concreta para realizar una acción determinada. Cuando despierto no sé exactamente lo que he de hacer. Sin embargo, advertiré cuál es el tema que debo abordar en los próximos días y semanas.[5]

Veremos a continuación el caso del sueño de alguien que llegó a estar enfermo debido a sus vínculos familiares y, en medio de esas circunstancias, tuvo un sueño revelador. Se trata de Juan Carlos, un adolescente que ha sufrido mucho en su niñez debido a las permanentes desavenencias y peleas de sus padres, sobre todo provocadas por el alcoholismo de su padre y la agresividad y la violencia que él ejercía sobre su esposa y sobre el resto del grupo familiar. Tanto él como sus hermanos menores han crecido en medio del temor y la inseguridad. Ahora Juan Carlos ha desencadenado un cuadro depresivo acompañado de algunos síntomas de temor irracional o fobias que le generan mucha inseguridad y miedo

---

5 Anselm Grün, *Con el corazón y con todos los sentidos*, Grupo Editorial Lumen, Buenos Aires-México, 2003, p. 284.

y cierto aislamiento social. Decide entonces comenzar un tratamiento psiquiátrico y con el tiempo experimenta una mejoría. También busca el apoyo del cuerpo de pastores de su iglesia, los cuales, con muy buena disposición lo escuchan, oran con él y lo contienen. Sobre todo recurre a la asistencia de un tío, un hombre bueno que pertenece a la iglesia y que siempre lo ha apoyado con afecto paternal en los momentos difíciles. Él lo considera un vínculo de apoyo incondicional.

Cierta noche Juan Carlos tiene un sueño en el que se ve a sí mismo por un camino bastante transitado conduciendo una bicicleta. A su lado pasan autos que lo asustan pues es evidente que la situación conlleva cierto riesgo, pero él continúa su camino. De pronto, una bicicleta se le coloca adelante y lo va guiando. Juan Carlos ahora se siente seguro y protegido. Observa con detenimiento al conductor de la bici que va adelante al cual sólo le ve la espalda, dándose cuenta muy pronto que esta persona es su tío.

Durante ese día recuerda el sueño con una serena alegría; este sueño le confirma que su tío no lo abandonará en este tránsito difícil que está atravesando y que lo seguirá "guiando y mostrándole el camino" hasta llegar a un lugar seguro.

6

Los sueños premonitorios

Después José tuvo otro sueño y se lo contó a sus hermanos. Les dijo:

—Tuve otro sueño, en el que veía que el sol, la luna y once estrellas me hacían reverencias.

Cuando se lo contó a su padre y a sus hermanos, su padre le reprendió:

—¿Qué quieres decirnos con este sueño que has tenido?— le preguntó. ¿Acaso tu madre, tus hermanos y yo vendremos a hacerte reverencias?

Génesis 37:9-10

Se le apareció en sueños un ángel del Señor y le dijo: "José, hijo de David, no temas recibir a María por esposa, porque ella ha concebido por obra del Espíritu Santo. Dará a luz un hijo, y le pondrás por nombre Jesús, porque él salvará a su pueblo de sus pecados.

San Mateo 1:20-21

¿Qué son los sueños premonitorios?

Los sueños premonitorios, son aquellos en los que la persona que sueña es advertida sobre algún hecho que está por suceder, se le anuncia algún peligro o alguna novedad que todavía no ocurrió. También se les llama "sueños proféticos" y "sueños anticipatorios".

Los sueños premonitorios suelen ser temidos por las personas, pero habitualmente son sueños que tienen como función darnos una información que será útil y oportuna. Otras veces, para traernos paz sobre algo que ocurrirá y anunciándonos que Dios estará cuidándonos la vida y enviando sus ángeles para protegernos. Consideraremos a continuación un sueño premonitorio que tuvo Ginés, un querido sobrino mío que es arquitecto y que en ese tiempo vivía en Valencia, España.

Al cumplirse un año del fallecimiento de nuestro padre, a quien sus nietos llamaban "Grampa", Ginés envió un correo electrónico a sus padres, contándoles la experiencia que había vivido a través de un sueño, el día del fallecimiento de su abuelo, exactamente un año atrás. Veamos qué decía textualmente este mensaje:

> Hola, hace un año me enteré desde acá de la muerte del Grampa; ese mismo día tía Inés se volvía a Argentina después de estar unas semanas en casa. Esa mañana estaba cansado. Cuando llegué a casa después del trabajo, comimos y me acosté a dormir la siesta (tan sagrada para dos generaciones de Zandrino). A los pocos minutos de dormirme, en sueños, pero de apariencia muy nítida, se abrió la puerta de la habitación y asomó medio cuerpo, sin entrar del todo, el Grampa. Pero con la contextura y salud de hace 15 años. Con su saco marrón con coderas me saludaba levantando el brazo y sonreía. Después cerró la puerta, con mucho cuidado de no despertarme, y se fue.

Sueños premonitorios en la Biblia

En la Biblia hay varios sueños premonitorios y los encontramos tanto en el Antiguo Testamento como en el Nuevo. Veamos algunos casos.

En el Antiguo Testamento

Encontramos el relato de los sueños y las interpretaciones de José. Aún sin saberlo, los primeros sueños de José fueron premonitorios: muchos años después de haberlos soñado, se cumplieron. Estos son los sueños que en su momento causaron tantos disgustos a sus hermanos, y al mismo tiempo a José, quien sufrió las consecuencias al ser traicionado por ellos. También causaron dolor a sus propios padres, que creyeron a su amado hijo muerto por alguna bestia del campo. Estos primeros sueños de José son el de los manojos de trigo y el del sol, la luna y las once estrellas. En ambos sueños la interpretación fue que sus hermanos, y luego sus hermanos y sus padres lo adoraban postrados ante él.

Otros sueños premonitorios fueron los de los compañeros de prisión de José en Egipto. José interpretó los sueños del copero y el panadero del rey, en los que simbólicamente se anticipaba lo que les sucedería en relación con su vínculo con el rey de Egipto y con su propia vida. El copero, tal como le anunció José en su interpretación del sueño, volvió a ocupar su lugar en el trabajo que tenía, y el panadero perdió su trabajo, pero además fue condenado a morir en la horca.

Luego José interpretó los sueños premonitorios del propio faraón, y lo que anticipó proféticamente en sus interpretaciones se cumplió tal como él lo había dicho: siete años de abundancia y siete años de escasez, que permitieron al Faraón y a José, como su principal funcionario, llevar a cabo un plan de reservas de alimentos que resultó de mucho provecho para el país.

También fue premonitorio el sueño que tuvo Jacob mientras escapaba de su hermano Esaú. Se detuvo una noche en Betel y allí se acostó a dormir reposando su cabeza sobre una piedra. Tuvo un hermoso sueño con ángeles que subían y bajaban del cielo por una escalera. En ese sueño se le apareció el Señor y le dijo: "Yo soy el SEÑOR, el Dios de tu abuelo Abraham y tu padre Isaac. A ti y a tu descendencia les daré la tierra sobre la que estás acostado" (Gn 28:13). Dios le promete entregarle la tierra sobre la que dormía, lo cual se cumplió cabalmente, pues esta sería la tierra de la que tomaría posesión el pueblo de Dios.

En el libro de Daniel encontramos una interpretación que hace el profeta de los sueños del rey Nabucodonosor. En ellos Daniel predice con total precisión lo que sucedería en el futuro del reino de Babilonia. Es interesante también lo que Daniel le dice al rey sobre el rol de Dios en la interpretación de los sueños: "No hay ningún sabio ni hechicero, ni mago ni adivino, que pueda explicarle a Su Majestad el misterio que le preocupa. Pero hay un Dios en el cielo que revela los misterios. Ese Dios le ha mostrado a usted lo que tendrá lugar en los días venideros" (Dn 2:27-28).

En el Nuevo Testamento

En el relato de las circunstancias previas y posteriores al nacimiento de Jesús encontramos en los Evangelios el relato sobre cómo Dios se reveló en sucesivos sueños a José el carpintero, esposo de la virgen María, cuando ella estaba embarazada de Jesús. En estos sueños se apareció un ángel que en primer lugar le dijo que aceptara confiadamente a su esposa embarazada, indicándole que "ella ha concebido por obra del Espíritu Santo" (Mt 1:20). Luego el ángel volvió a aparecer en sus sueños y le mostró los hechos y los peligros que habrían de suceder, guiándole cómo debía actuar para proteger al niño Jesús y a su madre María.

En otro momento de la vida de Jesús, cuando estaba siendo juzgado por Poncio Pilato, la esposa del gobernador le mandó a decir a su esposo que había tenido un sueño: "No te metas con ese justo, pues por causa de él, hoy he sufrido mucho en un sueño" (Mt 27:19). De todos modos Jesús fue condenado, y Pilato perdió la oportunidad de escuchar a su esposa y no participar en la condena a Jesús, aunque sabemos que intentó hacerlo lavándose las manos.

LOS SUEÑOS PREMONITORIOS Y LOS PSIQUIATRAS QUE ESTUDIARON LOS SUEÑOS

Sigmund Freud en un principio no creía demasiado en los sueños premonitorios. Sin embargo, cuando analizó un sueño de Bismarck que tenía que ver con sucesos históricos posteriores, les reconoció su importancia.

Quién más aportó a los sueños premonitorios fue el psiquiatra suizo Carl Jung, el discípulo predilecto de Freud (al menos antes de su pelea y separación). En el otoño de 1913 Jung tuvo una visión de una tremenda inundación que hundía a casi toda Europa. Las aguas llegaban a las faldas de las montañas de Suiza, su país natal. Miles de personas se ahogaban y las aguas luego se transformaban en sangre. En las semanas siguientes tuvo sueños de inviernos eternos y ríos de sangre. Eran tan atorradores que él pensó que estaba volviéndose psicótico. Pero en agosto de 1913 comenzó la I Guerra Mundial. Jung quedó muy impactado por esta experiencia y comenzó a pensar que existía una conexión entre él como individuo y la humanidad en general, conexión que no podía explicar. Desde entonces empezó un proceso de análisis de sus sueños que duró hasta 1928. De este proceso surgió su teoría en la que, entre otros temas, planteaba que el inconsciente no era tan pequeño como el que Freud postulaba, sino que se conectaba a un inconsciente más amplio de la humanidad. A partir de allí desarrolló precisamente la teoría del *inconsciente colectivo*.

Carl Jung, sin embargo, planteaba que algunos sueños son premonitorios, pero que con mayor frecuencia son compensatorios. Este es un concepto técnico que está relacionado con la homeostasis psíquica. Quiere decir que la psique es una estructura global y dinámica en la cual la conciencia y el inconsciente mantienen una relación recíproca. El inconsciente, como relativo a la consciencia, le incorpora todos los elementos que han sido omitidos, reprimidos o desatendidos o que contribuyen a mantener el equilibrio psíquico interior. Sin embargo, asignaba un papel de importancia a los sueños premonitorios sobre todo en lo relacionado con el inconsciente colectivo.

Otro aspecto interesante de la posición de Carl Jung respecto a los sueños es que el sueño no le dice al sujeto qué hacer: puede plantearle opciones entre soluciones posibles, pero deja a la conciencia la decisión sobre cuál es el paso más conveniente. El sueño lleva en sí un consejo implícito.

Algunos casos de sueños premonitorios

Comentaré a continuación algunos sueños y las circunstancias que rodearon a estos casos, los cuales sucedieron a personas cercanas o conocidas y también un sueño premonitorio que nos ocurrió a mi esposa y a mí. Fue un sueño premonitorio que nos trajo paz en medio de una prueba difícil.

Estela estaba preocupada porque veía que su hija Beatriz no estaba feliz. La veía abrumada y dispersa. Hacía un año que se había casado y, aunque Beatriz no lo expresaba ante sus padres, la madre, con la intuición que la caracteriza, sospechaba que el matrimonio no andaba bien. Una noche Estela soñó que iba con su hija en automóvil por la ciudad de Mar del Plata. Manejaba su hija, y ella iba en el asiento del acompañante. De pronto en un camino de declive, el automóvil perdió el control, los frenos dejaron de funcionar e inevitablemente se desviaron hacia un precipicio y luego cayeron al mar. El automóvil quedó sobre una roca y el agua que lo rodeaba era limpia y cristalina. En los siguientes días Estela recordó este sueño como extraño y perturbador, pero no pudo olvidarlo y se preguntaba qué significado podría tener.

Luego de un tiempo, sucedió algo muy traumático para toda la familia. Salió a la luz que el esposo de Beatriz era un golpeador y que había estado ejerciendo violencia sobre ella. Entraron en una grave crisis y finalmente terminaron separándose. Beatriz volvió a la casa de sus padres, pero con traumas psicológicos severos y debió ser atendida por psiquiatras y psicólogos por un tiempo prolongado. Los padres la contuvieron amorosamente y Beatriz logró reencauzar su vida y sus proyectos. Estela siempre recordó aquel extraño sueño, y durante la evolución de los episodios que les tocó vivir, comprendió su significado: el viaje en automóvil con su hija representaba el mal camino por el que iba el matrimonio de Beatriz. El automóvil se fue cuesta abajo y sin control, al igual que lo que sucedió con el matrimonio. Al fin, cayeron en un precipicio, en el mar profundo. Esta última parte del sueño representó las vivencias que tuvo Estela sobre los episodios catastróficos que vivió acompañando a su hija en esta experiencia, cuando todo parecía una noche oscura del alma. Cuando cayeron sobre la roca, Estela relacionó rápidamente esa roca con Jesucristo, una base sólida en los momentos de angustia, y así lo vivenciaron ellos en su familia: cuando todo parecía desmoronarse, sintieron que estaban asentados sobre una roca firme que iba a mantenerlos a salvo. El agua limpia y cristalina significaba que en medio de las turbulencias emocionales de Beatriz y del resto de la familia, siempre primó el amor y la seguridad del entorno familiar, lo que permitió resolver favorablemente esta triste y dolorosa experiencia.

En todo momento Beatriz recordó este sueño, y éste fue una fuente de estímulo y esperanza en momentos en que parecía que todo perdía sentido. Y ella se dio cuenta de que el sueño también había sido una manifestación del cuidado que Dios siempre tuvo sobre su familia.

El sueño de Doña Anita

Transcribo a continuación el relato de Nora Baker de Zandrino, mi cuñada y nieta de Doña Anita e hija de Harry, contando este sueño premonitorio de una madre que se enteró que su hijo estaba en peligro.

> *Harry era un joven idealista, hijo de misioneros protestantes ingleses en la Argentina. Para ese entonces transcurría la II Guerra Mundial. Harry amaba al país de sus padres y también al país en el que vivía. Logró conciliar ambos amores en un plan: viajaría a Inglaterra junto con otros voluntarios anglo-argentinos en un barco que llevaría carne a la bombardeada Europa.*

En alta mar, cerca de las costas del Norte de África, el barco fue descubierto por un submarino alemán (uno de los famosos "Lobos del Mar") cuya misión era formar un bloqueo para evitar la llegada de alimentos a los países aliados. Varios torpedos dejaron al barco seriamente averiado. Como consecuencia el barco se hundió rápidamente.

La familia y algunos miembros de la iglesia supieron las novedades del naufragio por los diarios, pero no sabían nada sobre la suerte de Harry.

La que no sabía nada sobre lo ocurrido era la misionera inglesa, conocida en la Argentina como "Doña Anita". El esposo y los otros hijos que estaban con ella, no sabían muy bien cómo comunicarle las noticias de que había acaecido por temor a que se asustara mucho. Finalmente se decidieron y lo hicieron. Doña Anita, que era una mujer de una profunda fe, dijo muy tranquilamente:

–¡Ahora entiendo! – y se quedó callada, con actitud meditativa. Entonces la familia le preguntó:

–¿Qué es lo que ahora entiendes?

– Ahora entiendo el sueño que tuve anoche. Soñé que Harry salía del agua y me decía: "No te preocupes mamá, yo voy a volver".

Al cabo de unos días le llegó un telegrama a la familia en Argentina en el que Harry, con su típico humor inglés, había escrito: "Lost baggage – I am safe" (perdí el equipaje – estoy bien).

El sueño sobre una casa abandonada

Este sueño y los hechos posteriores nos ocurrieron a mi esposa Mónica y a mí durante unas recientes vacaciones en Ongamira, un valle de las sierras de Córdoba en Argentina, un lugar entrañable, al que habitualmente vamos de vacaciones cada año.

Una mañana nos despertamos y Mónica me relató un sueño que había tenido la noche anterior. Ella tenía que ir a una casa, que en el sueño parecía (según ella podía ver desde la puerta de entrada) que estaba abandonada y sucia. Luego, en otra imagen, como un águila que pasaba sobrevolando sobre la casa, volvió a comprobar que cada habitación estaba sucia y abandonada.

Después de que me relató el sueño, intercambiamos ideas y aportes de posibles interpretaciones del mismo. Desayunamos y salimos a caminar y a disfrutar de un día soleado. Tras un buen tiempo de caminata, pasamos cerca de una casita muy precaria, un rancho con techo de paja. Yo le comenté a Mónica un episodio relacionado con ella hacía muchos años: una persona que apreciaba mucho a mi abuelo y que era dueño de ese lugar, ofreció regalársela junto con el terreno circundante al pie de la montaña. En esa oportunidad mi abuelo le agradeció a esta persona por su generosa oferta y su demostración de afecto, pero le dijo que prefería no aceptar ese regalo. Y siguieron siendo tan buenos amigos como siempre.

La casa nos llamó la atención por el estado de abandono y nos acercamos a mirarla desde la tranquera. Comenzamos a escuchar entonces un lamento desgarrador, muy difícil de definir si provenía de una persona o de un animal. Ambos nos sobrecogimos por lo que interpretamos como un pedido de auxilio. Llamamos y preguntamos si alguien necesitaba ayuda y recibimos la misma respuesta. Entonces decidimos entrar al terreno para ver qué sucedía y si podíamos ayudar. Cuando llegamos más cerca de la casa, nos impresionó el desorden que había alrededor. Mónica se asomó a una puerta entreabierta y descubrió una habitación donde todo estaba sucio y abandonado. Volvimos a escuchar el gemido, avanzamos un poco más, y comprobamos con sorpresa que provenía de un enorme árbol con algunas ramas caídas y enredadas unas con otras. Aunque no pudimos confirmar este dato, interpretamos que, como era un día de viento, quizás dos ramas rozaban entre sí y producían ese sonido similar a un quejido. Pero más allá de esta explicación racional, ambos teníamos la convicción de que algo extraño e inexplicable estaba sucediendo.

Volvimos a salir al camino por el que veníamos, consolándonos mutuamente porque no habíamos encontrado a nadie que estuviera sufriendo. Nos decíamos el uno al otro: "Todo está bien, no hay de qué preocuparse", como queriendo borrar la angustia que sentíamos a un nivel más profundo.

Comenzamos a alejarnos del lugar, pero de pronto nos estremecimos al volver a escuchar el gemido. ¿No sería que la casa y el lugar clamaban por ser liberados por algún motivo? No sabíamos qué era ese gemido, y tampoco sabíamos si nuestras suposiciones eran correctas, pero de pronto tuvimos la convicción de que debíamos hacer algo por la casa. Nos miramos sintiendo lo mismo: era el lugar el que imploraba ser atendido. Aunque no teníamos experiencia en el manejo de este tipo de situaciones, decidimos volver a la casa. Allí, con mucha reverencia y temor, hicimos cada uno una oración de autoridad ordenando en el nombre de Jesús que la casa y el lugar fueran liberados y que a partir de ese momento reinaran la protección y la presencia sanadora de Dios. Nunca habíamos hecho una oración de esta índole, pero la situación nos impulsó y el Espíritu Santo nos dio el discernimiento para hacerla.

Cuando volvimos al camino, dejamos de escuchar los gemidos. En ese mismo momento recordamos el sueño de Mónica la noche anterior. No podíamos salir del asombro por la manera en que se habían dado las circunstancias y cómo Dios había hecho que el sueño tuviera su cumplimiento. Continuamos maravillados y con nuestro corazón en paz.

Al día siguiente volvimos con mi hermano y su esposa a recorrer el lugar y nos encontramos, para nuestra satisfacción, que, si bien el mismo continuaba en ruinas y abandonado, había una calma y silencio muy diferentes a los de la situación del día anterior: los gemidos habían cesado, aunque el viento continuaba soplando.[1]

---

[1] Al año siguiente, Norita, una mujer que vivía en el valle, nos contó que años antes a esa casa había llegado un grupo de personas contratadas por el dueño de esas tierras para sembrar papas, un cultivo que no era habitual en esa zona. Estos hombres sin ninguna preparación en tareas rurales, usaron insecticidas peligrosos con total desconocimiento del manejo de los mismos y descuidadamente, tirando los restos en un arroyo proveniente de una vertiente que cruzaba el terreno. En poco tiempo comenzó a morir la vegetación del lugar, incluyendo árboles y plantas frutales, como también animales de la fauna del lugar: caballos, vacas, zorros, pájaros y domésticos como perros y gatos.

7

Dios enseña a mi conciencia

Bendeciré a Jehová que me aconseja;
aun en las noches me enseña mi conciencia.
(Salmo 16:7, RVR 1960)

Leer y meditar en la Palabra de día y de noche

Dios se comunica con nosotros de noche a través de los sueños, pero también lo hace de otras maneras. Una de las maneras en las que nos habla es a través de nuestra conciencia, enseñándonos cuando estamos dormidos. Quizá alguien se pregunte "Pero... ¿cómo puede esto ser posible?¿Puede ser que aprendamos mientras estamos dormidos?" Esto es difícil de creer para nuestra mente racional, pero es lo que afirma el Salmo 16:7 que encabeza este capítulo, y es también lo que han experimentado muchas personas.

Hay otros Salmos que hablan de esta experiencia. Consideremos el Salmo 1. Este Salmo comienza con una descripción del hombre bienaventurado, entre cuyas cualidades está la de ser un cultor de la lectura y meditación de la Biblia, y dice allí que en ella "medita de día y de noche". Podremos quizá decir que es normal meditar de día cuando estamos despiertos, pero... ¿es posible meditar de noche? Veamos qué dice el Salmo1:1-2: "Dichoso el hombre que no sigue el consejo de los malvados, ni se detiene en la senda de los pecadores ni cultiva la amistad de los blasfemos, sino que en la ley del Señor se deleita, y día y noche medita en ella".

Muchas veces he pensado en esta persona bienaventurada y he querido estar en el grupo de quienes lo conforman, pero en términos prácticos ¿Cómo aplicar sus buenos hábitos a mi propia vida? El hábito por el cual la persona es bienaventurada no es solamente el de la lectura de la Biblia, sino su deleite especial en la lectura y la meditación de la Palabra de Dios. Así lo dice en las dos últimas líneas del versículo 2:*"en la ley del Señor se deleita, y día y noche medita en ella"*.

La persona a la que se hace referencia en el Salmo 1 es alguien que ama la Palabra de Dios y desea volver a ella continuamente. Se complace en su lectura y meditación, seguramente memoriza algunas frases, las repite, les encuentra nuevos sentidos que el Espíritu Santo le revela, y se examina a sí mismo con referencia a la Palabra. Es tan grande su entusiasmo por la lectura de la Biblia y su amor por ella, que la hace de día... y también de noche.

¿Cómo explicar que uno medite en la Palabra aun de noche? Considero que una manera de comprenderlo es que cuando un tema ocupa durante todo el día un lugar de tal importancia en la mente y el corazón de una persona, finalmente todo su ser se sumerge en ese polo de atracción; es entonces cuando aun en sueños el tema continúa operando en esa persona. Tiene una sola cosa en la mente y el corazón: leer y aprender lo que Dios tiene para decirle por medio de las Escrituras.

Pero vamos por partes. El Salmo menciona que esta persona bienaventurada se deleita en las leyes del Señor. Analicemos juntos qué significa este deseo tan particular.

El deleite en la Palabra de Dios

Deleite es una palabra que expresa un alto nivel de satisfacción. Nos deleitamos de escuchar una obra musical, de una comida especial, de un viaje que hemos esperado por largo tiempo o de la relación con un amigo o amiga especial. En general, el deleite está relacionado con una situación placentera que repetimos periódicamente y que esperamos ansiosamente.

Siempre recuerdo el deleite que tenía mi padre con la Biblia, pero particularmente cuando ya era anciano. Era un gran estudioso y amaba el contenido de las Escrituras, pero también amaba el libro. Tenía muchos ejemplares de la Biblia, en distintas versiones, en distintas encuadernaciones, en varios idiomas. Se complacía en la lectura y aun en la mera manipulación del libro; disfrutaba del olor de una Biblia, de la encuadernación y de la textura y del color de sus páginas.

Recuerdo su alegría cuando apareció y descubrió la versión popular *Dios llega al hombre*, una traducción de la Biblia en la década del ochenta. Pronto se sumergió en su lectura con la convicción de que esa era la versión equivalente a lo que entenderían de las Escrituras los antiguos judíos, como también los cristianos, cuando fueron escritas en un lenguaje sencillo y comprensible para todo el pueblo. A él no le importó dejar de lado todos los apuntes de sus mensajes y estudios realizados en su antigua y querida versión de Reina-Valera. ¡Quería conocer más y más la nueva versión popular! Y pronto descubrió la importancia y el placer de hacer largas lecturas, aun de libros enteros de una sola sentada. Estaba encantado con la lectura de la Palabra de Dios; había renovado su primer amor. Se deleitaba en la lectura de las Escrituras y también soñaba con ella durante la noche.

Dios continuaba hablándole, y por la mañana mi padre retomaba la lectura como si su diálogo con Dios no se hubiera interrumpido. Meditaba en Su Palabra de día y de noche.

La meditación:
una sola cosa es necesaria

En el conocido relato de la visita de Jesús al hogar de las hermanas de Lázaro, Marta y María, se describe una situación muy particular en la relación de estas mujeres que nos deja una importante enseñanza del tema de la meditación. El relato dice así en San Lucas 10:38-42:

Mientras iba de camino con sus discípulos, Jesús entró en una aldea, y una mujer llamada Marta lo recibió en su casa. Tenía ella una hermana llamada María, que, sentada a los pies del Señor, escuchaba lo que él decía. Marta, por su parte, se sentía abrumada porque tenía mucho que hacer. Así que se acercó a Él y le dijo:

—Señor, ¿no te importa que mi hermana me haya dejado sirviendo sola? ¡Dile que me ayude!

—Marta, Marta –le contestó Jesús—, estás inquieta y preocupada por muchas cosas, pero solo una es necesaria. María ha escogido la mejor, y nadie se la va a quitar.

No sabemos qué sucedió con las hermanas de Lázaro esa noche, pero es posible suponer que Marta se haya ido a dormir con amargura en su corazón. Tal vez le costó conciliar el sueño, mascullando los argumentos que podría haber utilizado en respuesta a Jesús para justificarse. También es probable que esa noche María se haya acostado pensando en las palabras maravillosas que había escuchado a los pies de Jesús, y que luego, ya dormida, esas palabras hayan continuado actuando en su ser interior. Es que ella había estado escuchando a su maestro con todo su ser; prestando toda su atención a la única cosa en el mundo que importaba en ese momento. Una sola cosa era suficiente, y esa cosa necesaria la llenaba plenamente.

Cuando logramos la actitud de María, entonces es cuando aun en sueños, ese único tema al cual estamos abocados continúa actuando en nuestro ser. Cuando ese único tema es la meditación en Dios, se produce el deleite en la meditación de la ley del Señor —tema al cual, como ya mencionamos, se refiere el Salmo 1. Y es entonces cuando, aun de noche mientras dormimos, continuamos recibiendo la bendición de su Palabra y nos transformamos en personas bienaventuradas.

Un santo entre las cacerolas

El "hermano Lorenzo" fue un místico del siglo XVII. Su nombre era Nicolás Herman. Vivió una vida de sencillez, con una fe simple, sana y serena. Lorenzo era un trabajador ordinario de la cocina. Se había iniciado como religioso, pero como era un poco torpe y poco instruido, se lo retiró de las tareas religiosas y se lo envió a la cocina a pelar papas, lavar platos y fabricar sandalias. Si embargo, era una persona profundamente espiritual y piadosa, y aprendió a vivir en la presencia de Dios en la cocina, el lugar que le habían asignado. Su actitud terminó siendo un ejemplo para todos porque Lorenzo oraba de modo fervoroso y constante. En sus escritos explica simple y bellamente cómo caminar continuamente con Dios, con una actitud que no nace de la cabeza sino del corazón, y muestra una manera de vivir que está a disposición para que todos la pongan en práctica en cualquier lugar y en cualquier momento.

Su obra literaria, *La práctica de la presencia de Dios*, es una colección de algunas de sus cartas. Con el tiempo se transformó en un clásico de la espiritualidad cristiana. Dice Eliseo Vila, autor de la versión en castellano del libro del Hermano Lorenzo: "Es admirable cómo un hombre sencillo, ocupado en deberes tan humildes como el de limpiar ollas y platos en una cocina, pudo sentir y escribir de un modo tan notable sobre la presencia de Dios". En ese libro el Hermano Lorenzo anima a los creyentes a que la última cosa que hagan a la noche sea una oración interior, y que a la mañana, al despertar, la repitan en su corazón. Uno de los párrafos de sus cartas dice:

> "El no adelantar en la vida espiritual
> es ir hacia atrás.
> Pero los que experimentan el viento
> recio del Espíritu Santo
> avanzan incluso durante el sueño".[1]

¡Qué bello es este concepto: avanzamos en nuestra fe aun cuando estemos durmiendo! ¿Será posible esto? La Biblia nos dice que Dios nos habla de noche mientras estamos durmiendo. Dios realiza su obra de transformación en nuestro ser interior tanto en la vigilia como en el sueño. A veces nos ha ocurrido el habernos despertado con un conocimiento nuevo de Dios, y luego descubrimos que ha sido una revelación del Espíritu Santo durante el sueño. Dios me aconseja de noche mientras estoy durmiendo. Él visita mis sueños, toma el control del área de la función del sueño, y desde allí dirige el consejo y la instrucción para la vida. Si

---

[1] Hermano Lorenzo, *La práctica de la presencia de Dios*, Ed. Clie, Terrasa, Barcelona, p. 74.

me acuesto a dormir con la mente y el corazón puestos en Dios, al despertarme seré una persona diferente, cambiada para bien por la obra del Espíritu Santo. Durante la noche Dios ha continuado el proceso de *metanoia*, de transformación interior. Durante el sueño Él me ha visitado. Las puertas de mi corazón permanecieron abiertas para Jesús. No fue necesario que Él golpeara a la puerta y que nadie le abriera, pues ya estaba abierta esperando al visitante. Mi mesa estaba servida para cenar con él, y él conmigo. ¡El más honorable visitante que puedo imaginar!

Aún en las noches me enseña mi conciencia cuando, como María, llego a priorizar una sola cosa en mi mente y corazón. Cuando, como el Hermano Lorenzo, damos prioridad al *ora et labora* y cultivamos la comunicación permanente con Jesús, entonces ocurre el milagro: Dios permanece con nosotros en la vigilia y el sueño. La comunicación con Él y la relación de amor siguen durante la noche. Los que experimentan el viento recio del Espíritu Santo, al decir de Lorenzo, "avanzan incluso durante el sueño".

Más adelante en su libro el Hermano Lorenzo invita a que cada cual tenga un santuario que funcione de día y de noche. Dice: "Hagamos de nuestro corazón una capilla privada, donde podamos retirarnos de vez en cuando a comunicarnos con Él, pacífica, humilde y amorosamente". ¡Qué buena idea la de hacer una capilla privada en nuestro corazón para poder llevarla dondequiera que vayamos! La capilla siempre está dispuesta para el retiro oportuno, un retiro que podemos llevar a cabo aún en medio de nuestras actividades diarias, al amanecer y también durante la noche mientras estamos durmiendo, porque la capilla, una vez que la hemos dispuesto para Dios, no se cierra ni de día ni de noche.

Consejo práctico

En estos días un pastor me compartió una experiencia que había vivido. Debía entregar un mensaje a su congregación y, a pesar de que ya había estudiado el tema que iba a exponer, no se sentía seguro de lo que realmente debía decir a sus hermanos. El sábado a la noche se acostó preocupado por esta incertidumbre, pues se acercaba el domingo y el mensaje aún no estaba definido. Antes de acostarse hizo una oración a Dios para que Él lo guiara en lo que debía decir al día siguiente. Durmió reposadamente hasta las 03 hs. de la mañana, cuando repentinamente se despertó con el mensaje claro en su mente, sabiendo exactamente qué era lo que debía decir. Se levantó, tomó su Biblia, y entre mate y mate, pudo terminar de meditar en la Palabra del Señor y orar. Dios le había revelado en sueños Su mensaje para ser entregado a la comunidad de la iglesia.

¿Cómo implementamos la oración y la meditación incesante en nuestra vida? Un consejo práctico sobre cómo hacerlo es el siguiente: cuando nos acostemos para el descanso de la noche, tratemos de hacerlo con Dios, y así podremos también levantarnos con Él. Una disciplina muy simple es leer, cada noche antes de dormir, algún pasaje bíblico, prestando especial atención a los Evangelios. A menudo, es útil focalizar la atención en una frase o una palabra que nos llame la atención o que Dios nos haga sentir que resuena en nuestro ser interior, y entonces dejar que, poco a poco, ella descienda de la mente al corazón. Esta práctica podemos llevarla a cabo todas las noches o hacerlo en ocasiones especiales; por ejemplo, cuando las preocupaciones no nos dejan dormir. Recordando las historias del Evangelio o frases tomadas de los Salmos, podemos dejar que se transformen en una oración que nos traiga paz.

Canten al Señor un canto nuevo

Un hermano de nuestra iglesia que forma parte del equipo de dirección de alabanza me contó una experiencia que él vivió hace un tiempo. Tenía la responsabilidad de dirigir la alabanza el siguiente domingo, y esa semana estuvo preparando su corazón y organizando el tema y las canciones. El Señor le mostró el Salmo 149, que estaba en el programa de lecturas bíblicas de la iglesia. Allí leyó:

"1 ¡Aleluya! Canten al Señor un canto nuevo;
alábenlo en la comunidad de los fieles.
2 Alégrense los israelitas, el pueblo de Sión,
porque Dios es su Creador y Rey.
3 Alaben su nombre con danzas,
cántenle himnos al son de arpas y panderos.
4 Porque el Señor se complace en su pueblo;
da a los humildes el honor de la victoria.
5 Alégrense los fieles con el triunfo,
y aun dormidos canten de alegría.
6 Haya alabanzas a Dios en sus labios,
y en su mano una espada de dos filos..."

(DHH; énfasis del autor)

El tema que inspiró a mi hermano fue la frase: "Canten al Señor un canto nuevo".Entonces comenzó a meditar sobre el significado de cantar un canto nuevo. Dejó que el Señor le hablara a su corazón sobre este misterio, meditó sobre él, y volvió a guardarlo en su corazón para que en el silencio continuara enriqueciéndose. También recurrió al estudio, yendo al Comentario Bíblico de Mathew Henry y leyó: "Es un cántico nuevo por el anuncio de cosas nuevas, lo que exige nuevos afectos y nuevas expresiones de dichos afectos". Se entusiasmó con la información que estaba recogiendo, se inspiró sintiendo que Dios le estaba hablando. Luego continuó leyendo el comentario: "Esta alabanza ha de ir acompañada de gozo y alegría que han de manifestarse al exterior con música y danzas". Recurrió luego al comentario de la *Biblia de Estudio* y leyó: "No es un canto ya entonado otras veces sino compuesto para la ocasión presente".

Por todas estas novedades que fue descubriendo continuó cada vez más entusiasmado. Pero algo le ocurrió el viernes a la noche. Habiendo tenido una semana muy agitada de trabajo, estaba agotado y comenzó a desalentarse. Pensó: "Todo lo que estuve preparando para dirigir la alabanza del domingo no tiene mucho sentido, va a ser un fracaso". La angustia avanzó y entonces decidió llamar por teléfono a otro miembro del equipo de alabanza para pedirle que lo reemplazara pues no se sentía bien para guiar a la comunidad. La otra persona le dijo que al día siguiente le daría una respuesta. Esa noche, decidió irse a dormir temprano pues continuaba cansado, y pensó: "Quizás con una buena noche de descanso me sentiré mejor". Antes de dormir elevó una oración a Dios y le pidió que Él le diera descanso para recuperar el ánimo perdido.

Esa noche se durmió rápidamente. A las 05 hs. se despertó con un gran gozo y se quedó meditando acostado en la cama. Continuó con la meditación que había iniciado sobre "cantar un canto nuevo". Sintió una gran confianza en sí mismo, al comprender con total certeza cómo iba a organizar el culto de alabanza. Inició una profunda y fervorosa adoración a Dios en su corazón. El tiempo avanzó. y ya al amanecer comenzó a escuchar el trino de los pájaros y pensó: "Ellos están alabando a Dios, están creando una canción nueva". Nunca se le hubiera ocurrido que esto pudiera ser así. Se levantó, desayunó y leyó nuevamente el Salmo 149. En esta oportunidad le llamaron la atención las palabras del versículo 5 en las que antes no había reparado:

*Alégrense los fieles con el triunfo,
y aun dormidos canten de alegría.*

Entonces se dio cuenta de que eso era lo que estaba sucediéndole a él. ¡Había estado cantando en su ser más profundo durante el sueño y Dios había estado guiándolo, y al despertar continuó con la alabanza que comenzó en sueños! Entonces repitió varias veces para sí mismo la frase "y aun dormidos canten de alegría". La preparación para dirigir la alabanza no podría haber sido mejor. Dios fue guiando su corazón mientras dormía. Avisó a la persona a quien había solicitado ayuda que no se preocupara, que él mismo se haría cargo de la dirección del canto con mucha alegría y buena disposición en el Señor.

Testimonio

Descansa. Descansa. Descansa en el amor de Dios. Lo único que debes hacer ahora, es prestar intensa atención a su quieta y pequeña voz en tu interior.

Madame Guyon

Alexis es un sobrino, médico joven, casado y con una hermosa familia, quien sabiendo que yo estaba ocupado en este tema, me acercó su interesante aporte:

> Y sí. Lo digo de una vez: soy un neurótico. Una característica importante de mi personalidad es que tras algún problema que se suscita durante el día, a la hora de acostarme comienza a tomar otras dimensiones, creciendo en importancia, ocupando la atención de la mente que lejos ya de toda distracción, se dispone

a recurrir una y otra vez en un repaso de los hechos y diferentes respuestas alternativas y soluciones cada vez más radicales por la convicción de estar ante un imposible. Esto suele insumir a veces hasta varias horas de desvelo. En esos momentos suelo rogar al Señor, no solo por la pronta solución, sino que muchas veces me encuentro pidiendo que me conceda conciliar el sueño rápidamente. Es que por la mañana, al contemplar esa misma situación, el panorama siempre es más alentador. La respuesta está mas cerca, la situación se desenmaraña, no es tan intrincada e insoluble. Y muchas veces, en el mismo momento de despertar me encuentro con la solución allí, justo al alcance de la mano. Luego de haber visto claramente el panorama, tiendo a avergonzarme del tiempo perdido la noche previa.

Hay algo más, algo ajeno a la pura biología, algo previo a la biología. Creo que ese "algo" fue descubierto hace muy mucho tiempo, mucho antes de conocerse los neurotransmisores, las neuronas, el cerebro y su papel en el pensamiento. Varios siglos antes de Cristo, el salmista escribió el Salmo 16, que en el versículo 7 dice: "Bendeciré al Señor, porque él me guía, y en lo íntimo de mi ser me corrige por las noches". (DHH) Este es uno de mis versículos preferidos, y uno de los pocos (contados con los dedos de una mano) que tengo subrayado en mi Biblia. Creo que es de una importancia capital, ya que el sueño es un recurso utilizado por el Señor para comunicarse con nosotros. Como comentaba al comienzo, nos despertamos con un panorama diferente, lo retorcido de la circunstancia se nos abre ahora diáfano ante nuestros ojos. Entonces es fácil encontrar la respuesta, y hasta nos reprochamos no haber visto el meollo durante el incesante remolino de ideas de la noche anterior. Y lo que sucede es que estamos ante el resultado de la dirección divina. Dios nos guió y nos corrigió en lo íntimo de nuestro ser. De tal modo dejó una impronta ese encuentro nocturno con nuestro Señor, que ahora todo nos resulta fácil y llevadero.este cambio de rumbo tan radical y profundo en tan poco tiempo es sin ninguna duda obra divina y creo, como el salmista, que durante la noche, nos hacemos particularmente sensibles a oír la voz de Dios.

Un poema

Comparto un poema de mi querida amiga Ester que resulta muy apropiado para cerrar este capítulo:

Sueños

Reposaré la cabeza en la almohada,
voy a quedar inerme;
será un instante de horas,
que no podré valerme.
Me ha vencido el cansancio.
Mi mente expuesta a mis interiores
será un oscuro frente de batalla
donde mi educación o conveniencia
no regirán el flujo de los sueños.
La vigilia comienza.
La última idea concebida
se sumerge de a poco
en la inconciencia.
¡Mis interiores
también quiero rendirte
para que tuya sea la victoria!
Puedes hacer conmigo
en mi inconsciente,

*igual que con el hombre de los Salmos:
enseñarme en las noches mientras duermo.
Instruirme en las horas del descanso.*

Ester Otero Tejerina (Buenos Aires, 1967)

8

Meditar y orar despiertos durante la noche

En la quietud del descanso nocturno examínense el corazón. Salmo 4:4

La noche es el tiempo del oído: por eso el silencio allí se hace fecundo.
Mamerto Menapace

Distintas maneras de meditar en las Escrituras durante la noche

Ya hemos mencionado que Dios nos habla de noche mientras dormimos, a través de sueños o mediante su intervención en nuestros pensamientos y sentimientos. Y también puede hablarnos cuando estamos despiertos. Como se sabe, hay personas que tienen una predisposición especial por la noche, se sienten cómodas en ella y son más creativas. Para ellas la noche es especial, un momento de calma, cuando predomina la oscuridad y el silencio. A tales personas el encuentro con Dios les resulta más propicio.

En otros casos Dios habla a las personas despertándolas para darles un mensaje. A otras personas les sucede que se despiertan, quizás con problemas que no las dejan dormir.

También están aquellas que padecen de insomnio y les cuesta conciliar el sueño, y para ellas la meditación y la oración pueden resultarles un tiempo bien aprovechado. A veces esto les sucede a quienes han tenido una vida espiritual rica, pero que al llegar a la edad de la vejez, duermen menos tiempo durante la noche. Para ellos la meditación en la Palabra, la oración y la contemplación de Dios no sólo se transforman en una solución para su problema de insomnio, sino en una de las experiencias más gratificantes de toda su vida. Veamos algunas de estas situaciones.

El entusiasmo por la lectura de día y de noche

Recuerdo con alegría el relato de un querido amigo que es pastor en una comunidad mapuche en la Provincia de Chubut, en el sur de la Argentina. Él tiene ancestros mapuches por parte de su madre y vive con su familia en la misma comunidad. Me gusta conversar con él, pues tiene una visión muy personal y creativa de interpretación de la vida cristiana, muy ligada a una sabiduría que Dios le brinda en el contexto de su cultura y en medio de la soledad y el desamparo en que vive junto a su comunidad.

Cierta vez le pregunté cuál era su interpretación de los pasajes de la Biblia que mencionan la meditación de día y de noche. Él me respondió sin vacilar: "Bueno, a mí me sucede que muchas veces concurro a nuestra pequeña iglesia y estoy durante algunas horas leyendo la Biblia. A veces me entusiasmo tanto por lo que Dios me está revelando en su Palabra, que después de cenar, regreso a la iglesia y me quedo leyendo hasta tarde. Otras veces simplemente no puedo dejar de leer, y continúo leyendo durante toda la noche".

Hay pasajes bíblicos que parecieran expresar lo que le sucede a mi hermano mapuche. Por ejemplo el Salmo 119:97 dice: "¡Cuánto amo yo tu ley! Todo el día medito en ella." Al parecer, en este pasaje "todo el día" incluye tanto el día como la noche.

Hay personas que tienen hábitos noctámbulos, para quienes la noche es un momento especial de creatividad, un tiempo para estar a solas, para leer o escuchar música. Para otros es un tiempo para encontrarse con Dios a través de la lectura de la Palabra, la meditación y la oración.

Un buen consejo para meditar en la Palabra

Hay personas que padecen de insomnio o que se despiertan a horas tempranas y no pueden volver a dormirse. Es frecuente que en esa situación, si uno se deja llevar por cierta predisposición nocturna de ver la realidad con más pesimismo de lo que la objetividad de la vigilia indicaría, cae en un pozo de desaliento y extrema preocupación. La mejor manera de sobreponerse a esa situación es pensar en textos bíblicos muy caros al corazón. Podemos recitar el conocido y amado Salmo 23 de principio a fin, luego volver a repetirlo más lentamente pensando en cada frase, para luego volver de nuevo a los temas que en la repetición anterior llamaron nuestra atención. Quizá lo recordemos en una canción que entonaremos mentalmente.

La llamada *oración de Jesús* es una oración para repetir incesantemente. Dice así: "Señor Jesucristo, hijo de Dios, ten piedad de mi". Algunos le agregan al final la palabra "pecador". Esta oración pertenece al grupo de oraciones que, a medida que ser repiten, van bajando de la mente al corazón, creando lo que se denomina "oración incesante", en línea con aquello que recomienda el apóstol Pablo cuando dice: "Oren sin cesar" (1Ts 5:17).

Isaac el Sirio, uno de los padres del desierto del siglo IV, sugiere una bella frase que ha llegado al pueblo cristiano a través de los siglos. Refiriéndose a la oración incesante, afirma: "Cuando el Espíritu hace su morada en el hombre, este no cesa de orar, pues el Espíritu ora sin cesar en él. En estado de vigilia o en sueño, la oración no se detiene jamás en su alma, ya sea que coma o beba, que esté acostado o realizando un trabajo y, aun cuando está sumergido en el sueño, el perfume de la oración respira espontáneamente en su corazón. Como canta la Biblia: 'Yo dormía, pero mi corazón velaba' (Cnt 5:2)". [1]

Me gusta la interpretación de Henri Nouwen cuando comenta sobre la oración incesante dando una versión de cómo él entiende que podemos practicarla en nuestros días y en nuestra realidad. ¿Cómo podemos hacerla efectiva en nuestras vidas? ¿Realmente en qué consiste? Dice:

> Orar continuamente, como San Pablo nos pide hacerlo, sería completamente imposible, si significase pensar constantemente en Dios... creo que orar no significa pensar en Dios, en contraposición con pensar acerca de otras cosas, o pasar el tiempo con Dios en vez de pasar tiempo con otra gente. Antes bien, significa pensar y vivir en la presencia de Dios. Aunque es importante, y hasta indispensable para la vida espiritual reservar tiempo para Dios y sólo para Dios, la oración sólo puede convertirse en una oración ince-

---

[1] Teófano el Recluso, *El arte de la oración*, Ed. Lumen, Buenos Aires, 2005, p. 11.

sante cuando todos nuestros pensamientos –hermosos o feos, elevados o bajos, orgullosos o vergonzosos, tristes o alegres– pueden ser pensados en presencia de Dios. Esto requiere que convirtamos todos nuestros pensamientos en una conversación. Por lo tanto, la cuestión principal no es tanto lo que pensamos, sino a quién presentamos nuestros pensamientos.[2]

Recuerdo a una anciana de nuestra iglesia que en cierta oportunidad estaba atravesando un período de insomnio. Se despertaba en medio de la noche, luego de lo cual no podía volver a dormirse. Solicitó un consejo a un misionero muy apreciado que estaba de paso por nuestra ciudad. "¿Qué puedo hacer durante ese tiempo en que estoy despierta durante la noche?", le preguntó. El visitante, una persona amable y con madurez espiritual le respondió: "A mí también me suele suceder. Lo que yo hago cuando me ocurre esto es recordar versículos bíblicos y meditar en ellos. Otras veces entono en silencio algún antiguo himno y es el mismo Espíritu Santo el que me lleva a ese himno en particular, y generalmente me hace recordar el especial cuidado que Dios tiene sobre mi vida. Eso me da paz y muchas veces vuelvo a dormirme sin darme cuenta". Esta señora puso en práctica este consejo y le dio buenos resultados, así que continuó practicándolo durante el tiempo que duró su problema de insomnio.

Anselm Grün aconseja en estos casos algo similar:

> Si nos despertamos, no debemos dar vueltas hacia uno y otro lado temerosos de no haber dormido lo suficiente a la mañana siguiente si estamos demasiado tiempo despiertos. Utilicemos el tiempo y digamos

---

2 Henri Nouwen, *Payasadas en Roma*, Ed. Lumen, Buenos Aires, pp. 63-64

como Samuel: "Habla Señor, que tu siervo escucha". Y si dormimos y soñamos, debemos aceptar que Dios nos envía sueños y que Dios nos habla en sueños. Durante la noche debemos traer a la memoria aquello que Dios quiere decirnos. Nuestra vida espiritual será seguramente más rica si integramos a nuestro camino espiritual el ámbito importante de la noche y el sueño.[3]

En el Antiguo Testamento se menciona esta situación en diferentes oportunidades, sobre todo en el libro de los Salmos. En el Salmo 119:55, por ejemplo, dice: "Señor, por la noche evoco tu nombre; ¡Quiero cumplir tu ley!"

Otra actitud que podemos tener cuando nos despertamos en medio de la noche y no podemos conciliar nuevamente el sueño es aprovechar este momento para hacer oraciones de intercesión, recordando a personas y situaciones a las que no hemos podido dedicarles tiempo durante el día. Esta puede ser una buena manera de redimir el tiempo. No debemos desechar el hecho de que puede ser Dios mismo quien nos llama de noche para que llevemos a cabo el don de la intercesión que Él da a determinadas personas.

Otra manera en que podemos aprovechar los momentos cuando despertamos de noche es desarrollar el deleite por la presencia de Dios. Hacer de esos momentos de oración un amable diálogo con Dios en el que le decimos cuánto lo amamos y le agradecemos por lo mucho que Él nos ama a nosotros. También podemos hacer una oración sin palabras, simplemente quedarnos en silencio, quietos ante su Presen-

---

3 Anselm Grün y Guido Kreppold, *Sueños, mensajeros del alma*, Editorial Lumen, Buenos Aires, 2008, p 16.

cia, siguiendo las indicaciones de Dios en el Salmo 46.10: "Quédense quietos, reconozcan que yo soy Dios".

Si tenemos insomnio, o nos despertamos por un tiempo en medio de la noche, podríamos aprovechar esta circunstancia para arreglar con Dios una cita, un tiempo de encuentro diario ¡Quizás este insomnio nos esté sucediendo precisamente porque Él quiere hablar con nosotros de una manera especial, y no estamos dándonos cuenta de ello!

Elogio de la lentitud

En estos días he leído un libro titulado *Elogio de la lentitud*, en el cual el autor, Carl Honoré, expresa el cansancio del mundo occidental con la tiranía de la velocidad, el rendimiento y la falta de tiempo. Propone hacer las cosas con más lentitud, aprender a tomarnos el tiempo necesario para vivir y disfrutar de las cosas esenciales e importantes de la vida. Esta es la mejor respuesta a ciertas necesidades del hombre de hoy. Como dice el autor:

> Nuestro amor a la velocidad, nuestra obsesión por hacer más y más en cada vez menos tiempo, ha llegado demasiado lejos. Se ha convertido en una adicción, una especie de idolatría. ¿Te retrasas en el trabajo? Hazte de una conexión más rápida de internet. ¿No tienes tiempo para leer esa novela que te regalaron en Navidad? Aprende la técnica de la lectura rápida. ¿La dieta no ha surtido efecto? Prueba la liposucción. No obstante ciertas cosas no pueden o no deberían acelerarse pues requieren tiempo, necesitan hacerse lentamente. Cuando aceleras cosas que no deberían

acelerarse, cuando olvidas cómo ir más lentamente, tienes que pagar un precio.[4]

Hay escritores contemporáneos que nos llaman la atención al grave problema que el vivir acelerados plantea a las personas. Milán Kundera, en su breve novela *La lentitud*, dice: "Cuando las cosas suceden con tal rapidez, nadie puede estar seguro de nada". A su vez, el escritor Ernesto Sábato describe de manera magistral el drama del hombre actual atrapado en la velocidad y el desencuentro consigo mismo y con los otros:

Son muy pocas las horas libres que nos deja el trabajo. Apenas un rápido desayuno que solemos tomar pensando ya en los problemas de la oficina, porque de tal modo vivimos como productores que nos estamos volviendo incapaces de detenernos ante una taza de café en las mañanas, o de unos mates compartidos. Y la vuelta a la casa, la hora de reunirnos con los amigos o la familia, o de estar en silencio con la naturaleza a esa misteriosa hora del atardecer que recuerda los cuadros de Millet, ¡tantas veces se nos pierde mirando televisión! Concentrados en algún canal, o haciendo zapping, parece que logramos una belleza o un placer que ya no descubrimos compartiendo un guiso o un vaso de vino o una sopa de caldo humeante que nos vincule a un amigo en una noche cualquiera.[5]

Debemos recuperar nuestro propio espacio para vivir más lentamente, a un ritmo que respete los tiempos del ser hu-

---

[4] Carl Honoré, *Elogio de la lentitud*, Ed. Del nuevo extremo, Buenos Aires, 2005, p. 13-14.

[5] Ernesto Sábato, *La resistencia*, Editorial Planeta, Buenos Aires, 2000, p. 20.

mano, para tomar nota de que estamos vivos, de que la vida se nos escapa si no tomamos conciencia de que el tiempo avanza. Poder encontrar la sincronía entre nuestro tiempo interno y el de la vida.

La oración nos une al tiempo de la vida, a los sucesos realmente importantes que ocurren a nuestro alrededor y nos sensibiliza al tiempo de Dios, el Kairós.

Como dice Richard Foster, la oración es la respuesta apropiada para el mundo disperso de hoy:

> Estoy seguro que se siente la necesidad desesperante de la oración incesante en nuestros días. Jadeamos a lo largo de una interminable serie de actividades, con mentes dispersas y corazones palpitantes. Nos sentimos extenuados, apurados, sin aliento. Los pensamientos se disparan por todas partes en nuestras mentes sin sentido ni razón. Rara vez podemos concentrarnos en una sola cosa por largo tiempo. Todo y cualquier cosa interrumpe nuestra capacidad de concentración. Somos gente distraída. La oración incesante tiene una forma de hablar paz al caos. Por medio de ella comenzamos a experimentar algo de la paciencia cósmica de Dios. Nuestras actividades fracturadas y fragmentadas comienzan a enfocarse en torno a un nuevo centro de referencia. Experimentamos paz, tranquilidad, serenidad y firmeza en nuestra orientación de vida. Pero eso no viene automáticamente. Debemos quererlo, desearlo con una pasión consumidora.[6]

---

6 Richard Foster, *La oración, verdadero refugio del alma*, Ed. Betania, p. 150.

Conversando con una amiga y colega médica que a la edad de setenta y cuatro continúa trabajando con el mismo entusiasmo de la juventud, le comenté que estaba interesado en escribir sobre las maneras en que Dios puede hablarnos durante la noche. Ella me respondió con total naturalidad: "Ah sí, hay que acostarse pensando en el Señor y lo primero que hay que hacer por la mañana es volver a pensar en Él. Eso significa poner en práctica la enseñanza bíblica de orar sin cesar". ¡Cuánta razón tenía esta querida amiga! En ese momento asocié lo que me estaba comentando con la trayectoria tan notable de su vida cristiana y de su profesión médica, uniendo ambas áreas en el servicio amoroso al prójimo. Ella se mantiene joven y activa. Recordé el pasaje de Isaías 40: 31, que dice: "Los que confían en Jehová renovarán sus fuerzas, volarán como las águilas, correrán y no se fatigarán, caminarán y no se cansarán". Ella es un ejemplo vivo de esta realidad y la clave para ello es que vive en relación constante con el Señor.

El Rey David expresa este sentir en el Salmo 139: 23-24, en el cual invita a Dios a conocer su corazón:

Examíname, oh Dios, y sondea mi corazón;
ponme a prueba y sondea mis pensamientos.
Fíjate si voy por mal camino,
y guíame por el camino eterno.

Un ritual judío para orar y alabar durante la noche

Bendigan al SEÑOR todos ustedes, sus siervos,
que de noche permanecen en la casa del SEÑOR.
Eleven sus manos hacia el santuario
y bendigan al SEÑOR.

*Que desde Sión los bendiga el SEÑOR,
creador del cielo y de la tierra. Salmo 134:1-3*

Es muy interesante en la liturgia tradicional judía la celebración de los "Cánticos de las subidas". Son una colección de Salmos (120-134) que cantaban los peregrinos mientras iban subiendo a Jerusalén para celebrar sus fiestas, especialmente las tres grandes: la fiesta de los panes sin levadura o Pascua, la fiesta de la primera cosecha o Pentecostés y la fiesta de la cosecha de fin de año o de las Enramadas. El hermoso Salmo 134, que encabeza esta sección, es el último de los "Cánticos de las subidas". Este Salmo en particular era muy apropiado para concluir el servicio en una especie de despedida litúrgica entre el pueblo y los levitas (vv. 1-2) y entre los sacerdotes y el pueblo (v. 3).La liturgia era la siguiente: una vez ante el Templo, alguien, en nombre de la congregación, antes de retirarse les pedía a los levitas principales que se quedaran durante toda la noche para seguir alabando y bendiciendo al Señor en nombre de todo el pueblo. Aquí se mencionan específicamente los que, en su servicio por la noche, cumplían el "alzar las manos" en actitud de oración. En su *Comentario bíblico*, Matthew Henry comenta al respecto: "Se les exhorta a los levitas a que llenen la noche con oraciones y con su vigilancia y a que eleven el corazón en bendiciones a Dios. La voz de la alabanza enviaría su eco en la noche silenciosa y flotaría sobre la ciudad durmiente".[7] Los sacerdotes, a su vez, respondían al pueblo y a su pedido, impartiéndoles una bendición, y el pueblo se volvía dichoso por recibir esa bendición del Dios Omnipotente, sabiendo

---

7 Matthew Henry, *Comentario Bíblico de Matthew Henry*, Ed. CLIE, Barcelona, 1999, pp. 654-655.2. Henri Nouwen, *Payasadas en Roma*, Ed. Lumen, Buenos Aires, pp. 63-64

que los sacerdotes continuarían alabando y bendiciendo al Señor en nombre de ellos. Volvían felices, pues quienes son bendecidos por Dios son verdaderamente bendecidos.

Una experiencia de vigilia de oración y meditación

Hace unos años, con un grupo de personas interesadas en pasar una noche de meditación, vivimos una experiencia singular. Fuimos a una casa en un lugar apartado en las afueras de la ciudad. Comenzamos con algunas lecturas bíblicas y reflexión sobre esos textos, y cantamos y alabamos a Dios. Luego meditamos sobre una metáfora que hace referencia a la búsqueda de la presencia de Dios que propone que ésta comienza como si camináramos a oscuras y que debemos aprender a tranquilizarnos y esperar en la oscuridad. Recién entonces, poco a poco, comenzaríamos a ver con más nitidez a nuestro alrededor. Utilizamos una cita tomada del libro *Journey into Christ* (Viaje al interior de Cristo) de Alan Jones, que dice:

> Debemos esperar en la oscuridad, debemos quedarnos quietos para permitir que el misterio nuevamente penetre en ese profundo y oscuro lugar que existe en nosotros: el misterio de la unidad de cuerpo, mente y espíritu. Esperar es una aterradora y maravillosa actividad porque nos obliga a enfrentar nuestro profundo desorden dentro de nosotros. Es que no tenemos la armonía de cuerpo, mente y espíritu necesarios para llegar a ser una totalidad integrada. Es como si

debiéramos navegar las aguas profundas sin un mapa o un compás.[8]

Empezamos guardando silencio y permaneciendo en oración silenciosa y meditación. Luego, tal como lo habíamos acordado, comenzamos a salir individualmente, cada uno por su parte, a caminar en la oscuridad total por el parque que rodeaba la casa, alejándonos de ella. Fue una hermosa experiencia en la que comprobamos que en cuanto salimos a la oscuridad caminábamos con inseguridad, alumbrados únicamente por las distantes estrellas. De vez en cuando tropezábamos con algún obstáculo o metíamos un pie en algún pozo, pero luego de un tiempo comenzamos a acostumbrarnos a la oscuridad y entonces pudimos empezar a ver con más nitidez, caminando con más seguridad y confianza. Cuando volvimos, todos pudieron opinar y contar cómo habían vivido el ejercicio. Fue notable que cada cual pudo comprender que así como fuimos ganando en confianza en medio de la oscuridad, así también podemos vivir la experiencia de silenciosa introspección para encontrarnos con Dios en la quietud. Experimentamos que al comienzo estábamos inseguros y tensos, pero que al lograr tranquilizarnos y estar en paz en la espera, comenzamos a "ver en medio de la noche". Luego, al llegar el amanecer, entre todos amasamos un pan y lo cocinamos, y con el pan aún caliente y con vino, celebramos una emotiva Santa Cena, cantando himnos y leyendo citas bíblicas que llegaron a lo más profundo de nuestro corazón.

---

8 Alan Jones, *JourneyintoChrist*, Harper&RowPublishers, San Francisco, p. 47.

En nuestra iglesia se realizan periódicamente programas denominados "vigilias de oración", en las que un grupo de hermanos se junta para cantar, leer porciones de la Biblia y orar juntos. Todos salen de ellas muy bendecidos y fortalecidos en la fe. Experiencias como éstas nos hablan de cómo la noche nos invita a explorar nuestro corazón y nuestra relación con Dios de una manera especial, con una disposición que durante el día no podríamos tener.

La oración continua manifestada en una intervención quirúrgica

David, un hermano muy querido de nuestra iglesia, poseedor de una rica vida espiritual y con una hermosa familia, cierta vez tuvo que enfrentar una operación quirúrgica. Se dio la situación en que el médico anestesista también es miembro de nuestra iglesia, y hubo un hecho que le llamó la atención a él y al resto de los médicos que intervinieron en la cirugía. David estaba de buen humor e incluso animaba a los cirujanos y les decía que había estado pidiendo a Dios para que los guiara en la operación; que trabajaran tranquilos, que él depositaba toda su confianza en ellos. Cuando comenzó a ser anestesiado David oraba encomendándose a Dios, y antes de quedar dormido, su voz se fue apagando sin dejar de orar. La cirugía fue larga y difícil y el anestesista estuvo junto a él. Cuando la cirugía terminó, el médico se ocupó de reanimarlo y lo primero que hizo David cuando despertó a medias, aún confuso por el efecto residual de la anestesia, fue continuar orando, ahora dando gracias y alabanzas a Dios que lo había cuidado.

Nuestro hermano era un hombre de oración, y en esta oportunidad lo demostró con la oración continua durante la cirugía y bajo el efecto de la anestesia. No tengo dudas de que aún durante el profundo sueño producido por la anestesia sintió la presencia del Señor que está más allá de cualquier profundidad de nuestro inconsciente. Durante ese tiempo fuera del tiempo, David estuvo con Dios en un diálogo de amor y consuelo.

9

Principios y consejos para guías de interpretación de sueños

Utilicemos los dones de la gracia que nos son dados desde más allá de la esfera consciente. Con esa capacidad comprobaremos que nuestra jornada de crecimiento espiritual está guiada por la invisible mano y la inimaginable sabiduría de Dios con la exactitud infinitamente mayor de la que podría ser capaz nuestra sola voluntad consciente.

Scott Peck

Una reflexión sobre la realidad de los sueños

En su libro *San Francisco de Asís*, G. K. Chesterton describe una experiencia que vivió el santo en su juventud, cuando había regresado anticipadamente de la guerra y estaba, aún sin él mismo saberlo, preparado para comenzar una nueva etapa, la de su vida mística. Fue en esa época cuando Francisco recibió un mensaje mientras oraba en la iglesia de San Damián, un santuario que estaba en ruinas y cayéndose a pedazos. En ese lugar donde él solía apartarse para estar a solas, y mientras oraba, oyó una voz que le decía: "Francisco, ¿por ventura no ves que mi casa está en ruinas? Anda y restáurala por mi amor". Él tomó esta indicación literalmente y corrió a buscar algún recurso económico para hacerlo: vendió su caballo y puso en venta algunas de las telas de su padre en el mercado de Asís.

La historia dice que su padre, escandalizado y atemorizado por la conducta de su hijo, lo encerró en una oscura celda o cueva hasta que pudiera llevarlo ante la justicia. Esto finalmente no sucedió, ya que Francisco no reconoció la autoridad de la justicia civil, considerando que ya no pertenecía a la sociedad sino a la iglesia. Sobre esa base pidió ser juzgado por la autoridad de la iglesia, lo cual ocurrió finalmente cuando el obispo de Asís atendió el caso ... pero eso es parte de otra historia.

Volvamos a la experiencia que vivió Francisco en la oscura celda o fosa. Allí ocurrió un gran cambio en él, con una transformación radical en su visión del mundo y de su propia vida. G. K. Chesterton describe ese cambio de la siguiente manera:

> Cuando Francisco emergió de la caverna de sus visiones portaba todavía la misma palabra "loco" como una pluma en su gorro, diríamos como un penacho o una corona. No dejaría de ser loco y hasta sería cada vez más y más loco; de ahora en más sería el loco y el bufón de la corte del Rey del Paraíso. Semejante estado sólo se puede representar mediante símbolos; más el símbolo de la inversión resulta exacto en otro sentido. Si un hombre ve el mundo al revés, con todos los árboles y las torres colgando cabeza abajo como vistas reflejadas en un lago, el efecto obtenido será el de acentuar la idea de dependencia. El latín y el

sentido literal establece aquí la conexión, pues la palabra "dependencia" significa simplemente "pender", "colgar". Lo que no hace sino más vívido el texto de la Escritura cuando dice que Dios suspendió el mundo de la nada. Si en uno de sus sueños singulares San Francisco hubiera visto la ciudad de Asís patas arriba, no necesariamente diferiría ésta de sí misma ni en lo menores detalles fuera de que la estaría viendo completamente al revés. Pero he aquí lo esencial: pues para el ojo normal las grandes piedras de sus murallas y los macizos fundamentos de la ciudadela y los elevados torreones contribuían a dar a la ciudad gran seguridad y firmeza, al invertir todo aquello el propio peso de los mismos la haría aparecer más débil y en mayor peligro. Esto no es más que un símbolo que explica el hecho psicológico. San Francisco podía amar ahora su pequeña ciudad tanto o más que antes; pero la naturaleza de su amor se había mudado en cuanto el amor se acrecentase. Podía ver y amar cada teja de los inclinados techos o cada pájaro en las almenas; pero debió verlo todo bajo una nueva y divina luz de eterno peligro y dependencia. En vez de sentirse simplemente orgulloso de su esforzada ciudad porque era imposible conmoverla, agradecía al Señor por no soltarla al vacío, por no dejar caer al cosmos entero como un inmenso cristal que se fragmenta en lluvia de estrellas.[1]

Poder acceder al mundo de los sueños es un poco, en nuestra escala personal, recurrir a nuestra experiencia de conversión transformadora. Durante la noche podemos

---

[1] G. K Chesterton, *San Francisco de Asís*, Ediciones Lumen, Buenos Aires, 1995, p. 70.

descender al pozo oscuro de los sueños poniendo el mundo y la realidad cotidiana patas arriba para verlos desde una perspectiva diferente, sin la lógica y el condicionamiento de la vigilia, pero con el tremendo potencial de revelación que nos permitirá captar otros aspectos de la realidad a los que estamos imposibilitados de acceder durante el día. Pero la pregunta aquí es si nos permitiremos la locura de tomar en serio este mundo; si nos arriesgaremos a ser llamados "locos" por asignarle valor al significado de los sueños.

El mundo de los sueños es aquel en el que Dios puede hablarnos sin que nosotros estemos en control de lo que sucede. Es una experiencia similar a la de guardar silencio y quietud ante Dios para conocer que Él es Dios. Es como estar en la puerta de la cueva del monte en el cual el profeta Elías se refugió de las amenazas de Jezabel, la malvada esposa del rey Acab. Allí Elías pudo experimentar primero el viento, el terremoto y el fuego, pero no encontró a Dios en ninguna de estas tres manifestaciones naturales. Finalmente pudo experimentar el silbo apacible o el suave murmullo de la inefable y tierna presencia de Dios (1R 19:11-12).

¿Todos necesitamos recordar nuestros sueños?

Esta es una pregunta que suelen hacerse las personas cuando escuchan una conversación relacionada con los sueños. Entonces comentan, no sin cierta desazón: "Yo nunca me acuerdo de mis sueños; la verdad es que al despertarme no tengo el menor recuerdo de ellos". Otras personas van más lejos y comentan: "Yo no tengo sueños".

Está comprobado que todos soñamos. Si una persona no tuviera sueños se enfermaría física y psíquicamente. Sin embargo, hay personas que no pueden recordar lo que soñaron por más esfuerzos que hagan. Lo notable es que a veces quienes suelen decir esto pueden ser personas maduras y que tienen una vida espiritual rica. Es probable que si consultan con un profesional, éste responderá que se debe a una represión del inconsciente que se realiza para no enfrentar realidades internas. Si bien frecuentemente es así, debemos ser cuidadosos con un diagnóstico apresurado de la situación, sobre todo, como decíamos anteriormente, por tratarse de personas maduras psíquica y espiritualmente. Hay veces en que la homeostasis psíquica de estas personas es equilibrada y su mundo interior se condice con su crecimiento espiritual. De todos modos, en estos casos es importante aconsejarles que no dejen de ocuparse de sus sueños, que mantengan su mente y su corazón abiertos a ellos, e incluso que inviten a Dios a que los visite en sueños. Quizás se están perdiendo de algo importante que Dios quiere comunicarles. Si ellos siguen estos sabios consejos y comienzan a estar en esta actitud de espera, oportunamente se les abrirá una dimensión nueva en su vida espiritual con sueños significativos.

También puede suceder que las personas que les prestan atención a sus sueños y suelen recordarlos, pasan por épocas en las que no puedan hacerlo. En esos casos es mejor no ejercer presión, pues el inconsciente es suficientemente sabio como para saber cuándo manifestarse con sueños significativos. Si estamos abiertos a recibirlos y prestarles atención, dejemos que los sueños vengan naturalmente a nosotros, y si hemos sido constantes perseverando en atenderlos, ellos aparecerán cuando sea necesario, según lo que el Espíritu Santo quiera comunicarnos. Como ya dijimos: no busquemos afanosamente el camino y sepamos esperar que el camino venga a nuestro encuentro en el momento oportuno.

¿QUÉ LUGAR DEBEN OCUPAR LOS SUEÑOS?

El psiquiatra Carl Jung cierta vez respondió una carta a un amigo y discípulo en estos términos:

> Me cuentas que has tenido muchos sueños últimamente, pero que has estado demasiado ocupado con tu trabajo para escritor para prestarles atención. Has procedido de la manera más equivocada posible. Tu trabajo puede esperar, pero tus sueños no pueden esperar porque vienen sin que se les llame desde tu interior y señalan perentoriamente el camino que debes seguir.[2]

Quien esté leyendo este libro tal vez se pregunte: "Como cristiano ¿qué lugar realmente deben tener los sueños en mi vida?" La respuesta es que deben ocupar un lugar de privilegio. Tener en cuenta los sueños deberá ser parte del camino espiritual. No deberá nacer de la curiosidad meramente psicológica, sino de la necesidad interior de abrir todos los sectores de nuestra vida a Dios. Pueden llegar épocas en las que comencemos a soñar abundantemente. También habrá tiempos en los que no soñaremos tan frecuentemente. Todo esto en un proceso. Respetaremos los tiempos y el kairós de Dios para nuestra vida.

Tampoco la interpretación de los sueños debe realizarse bajo presión o apremiados por el tiempo. Por el contrario, debemos hacer una pausa y tener paciencia y saber esperar. Podremos seguir los principios de la interpretación que surgen de las generalidades de la meditación cristiana, que

---

[2] Lawrens Van Der Post, *Jung y la historia de nuestro tiempo*, Ed. Sudamericana, Buenos Aires, 1978, p. 324.

consiste en "rumiar" los misterios que estamos considerando. Deberemos imitar la actividad de las vacas cuando mastican lentamente el pasto, luego de lo cual lo guardan en un primer estómago donde sigue el proceso digestivo, pero luego lo vuelven nuevamente a la boca para seguir masticando el mismo pasto y continuar pasándolo del primer estómago al resto de su aparato digestivo en varias etapas antes de digerirlo definitivamente. Así también nosotros debemos pensar y repensar los significados, volverlos a nuestra conciencia y considerarlos desde la perspectiva de nuestro corazón, hacer resonancia con las cuerdas íntimas del alma para percibir su posible significado. Hacer, en última instancia, como hacía María con todos los misterios que se habían sucedido en relación con el nacimiento de su hijo Jesús. La Biblia nos dice: "Pero María, por su parte, guardaba todas estas cosas en su corazón y meditaba acerca de ellas" (Lc 2:19).

Si estamos en el camino de alcanzar el conocimiento de nuestro ser interior, los sueños tendrán períodos en los que serán más activos y otros en los que decrecerán. Pero debemos estar siempre atentos y dispuestos a recibir mensajes de Dios a través de nuestros sueños.

Conocer a Dios y conocernos a nosotros mismos: dos aspectos de un mismo proceso

Para interpretar correctamente los sueños se deberán remitir constantemente a la realidad que se está viviendo. En el contexto de lo que se vive, tanto externa como internamente al ser, se encontrará la interpretación correcta. Es que lo que uno sueña no está desconectado de lo que me está sucediendo. Sobre todo, tendremos en cuenta las experiencias que estamos viviendo con Dios en el camino del crecimiento espiritual. Podemos afirmar, entonces, que estaremos más cerca de la correcta interpretación de los sueños cuanto más hayamos desarrollado la capacidad de interpretar nuestra realidad con mayor dependencia de la revelación de Dios. Algunos necesitarán estar bajo un proceso de tutoría espiritual. Claro que no es imprescindible que así sea. Podemos estar muy conscientes de nuestra realidad mediante el proceso de abrirnos a la realidad de nuestra vida interior por la práctica de la lectura regular de la Biblia, la oración, el silencio, la meditación y otras formas de acercamiento a Dios y a nosotros mismos.

Si queremos que el acercamiento a Dios sea fecundo es imprescindible que lo busquemos con un acercamiento simultáneo a nosotros mismos. Debemos aprender a conocernos en la presencia de Dios. En última instancia es Él quien realmente nos conoce más allá de nuestra máscara social. Él sabe cuál es la auténtica identidad que nos fue dada cuando sopló Su aliento de vida al crearnos. ¡Y qué notable: conoceremos más de Dios en la medida en que nos conozcamos más auténticamente a nosotros mismos! También podemos decir lo mismo en el sentido contrario: cuanto más nos acerquemos a Dios más nos acercaremos a nuestro auténtico ser. La espiritualidad cristiana puede transformarse en una fuga piadosa si no existe con anterioridad un encuentro verdadero con uno mismo.

En cierta ocasión Jesús les preguntó a sus discípulos "¿Quién dice la gente que soy yo?", luego de discurrir un tiempo sobre el tema en el que los discípulos aportaban información pero no se comprometían con la respuesta, Jesús les hizo una pregunta crucial: "¿Y ustedes, quién dicen que soy?" Luego de cavilar los discípulos un momento, el apóstol Simón dio un paso adelante y le dijo: "Tu eres el Cristo, el hijo del Dios viviente". Ante esta declaración de Pedro, Jesús le devolvió a su discípulo una información clave, en este caso sobre la identidad y la misión de Simón; "Dichoso tú, Simón, hijo de Jonás porque eso no te lo reveló ningún mortal, sino mi Padre que está en el cielo. Yo te digo que tú eres Pedro, y sobre esta piedra edificaré mi iglesia, y las puertas del reino de la muerte no prevalecerán contra ella. Te daré las llaves del reino de los cielos; todo lo que ates en la tierra será atado en el cielo, y todo lo que desates en la tierra quedará desatado en el cielo" (Mt 16:13-19).

Luego de que Simón le dijera a Jesús quién era, el mismo Jesús es quien le reveló a él que era Pedro, es decir, una piedra, una roca sólida. Jesús le reveló su nombre secreto y su misión. De este relato podemos deducir que cada vez que definimos a Jesús, cuando nos aventuramos a declarar quién es Él para nosotros en la situación que nos toca vivir, Él nos responde revelándonos quiénes somos nosotros y dándonos datos desconocidos sobre nuestra identidad, nuestro yo auténtico.

Cuando lleguemos al cielo este proceso llegará a su culminación. Como afirma Apocalipsis 2:17, a los vencedores se les dará una piedrita blanca en la que figurará el nombre nuevo. Tal nombre es secreto y lo conocerá solamente quien reciba la piedrita: es el nombre que nos fue dado cuando Dios nos creó y llevará implícita nuestra verdadera identidad, la revelación de nuestro yo auténtico y la misión que Dios planeó para nuestra vida. Cuando recibamos esa piedrita, ¿descubriremos que hemos vivido de acuerdo con lo que ese nombre expresa? ¿Nos habremos aproximado, aunque sea en parte, a la misión que Dios nos dio? Considero que sí, pues esa piedrita se les dará a los que han sido "vencedores", y nuestras fallas estarán cubiertas por la sangre de Jesús. Llevar adelante ese proyecto es lo que la Biblia menciona como "andar en Sus caminos", que incluyen "mi camino singular", el que Dios preparó amorosamente para cada uno de sus hijos.

El significado de algunos de los sueños más frecuentes

Hay sueños que se repiten y a los que podemos darles un significado común, siempre con la salvedad de que debemos volverlos a las circunstancias personales del que sueña. Si soñamos que estamos de viaje y hemos olvidado la valija, entonces podemos preguntarnos qué nos está faltando para recorrer el camino de nuestro peregrinaje al corazón. ¿Quizá el silencio necesario para meditar en la Palabra de Dios? ¿O nos falta un tiempo especial de oración íntima? Puede ser que soñemos que llegamos tarde a una cita. En este caso el sueño puede estar relacionado con que no tenemos en cuenta apropiadamente el tiempo que estamos viviendo. Entonces podemos preguntarnos: ¿Cómo utilizar bien el tiempo? ¿Cómo deberemos esforzarnos en prestar atención al tiempo presente y no vivir distraídos en temas del pasado o del futuro?

El camino es una metáfora de la vida. A veces en los sueños estamos transitando un camino y estamos perdidos; no sabemos a dónde vamos. Otras veces vamos hacia una gran ciudad o hacia la casa de nuestra infancia, de regreso a nuestro hogar. En estos casos debemos preguntarnos sobre el sentido de nuestra vida ¿Estamos bien orientados hacia las metas que nos hemos fijado? ¿Tiene sentido nuestra vida o estamos deambulando sin rumbo y sin meta? Dios utiliza estas imágenes para hacernos entender que debemos vivir vidas con sentido, con una meta clara hacia la cual nos dirigimos. Estos sueños se relacionan particularmente con lo que el psiquiatra Víctor Frankl denomina "terapia del sentido".

Soñar con la muerte siempre nos asusta un poco, pero tengamos en cuenta que generalmente hace referencia a aspectos de nuestro ser interior. Puede tratarse de la muerte de un ser querido, pero puede aludir a algo que está pasando con la misma persona que sueña y no con la persona a quien soñó muerta. No debemos asustarnos sino meditar en que algo dentro nuestro está muerto y es necesario resucitarlo, volverlo a la vida o a la actividad pues es un aspecto importante de nuestra persona integral. Sin ese aspecto estamos como inertes, sin brío ni energía, sin iniciativa o quizá sin el impulso o el coraje para comunicar algo de nosotros e iniciar un diálogo fructífero con una persona que amamos. También puede tratarse de la muerte de un niño o niña: un hijo, un sobrino, o la imagen de nosotros cuando éramos niños. Es posible que ese sueño haga referencia a que un aspecto de nuestra infancia está muerto y debemos recuperarlo. Tal vez sea nuestra inocencia, nuestra capacidad de creer, y debemos dejar de pensar sólo en términos racionales y recuperar la capacidad de jugar, de sentir, de tomar la vida tal como viene... con alegría.

Otro tipo de sueños frecuentes son los que están relacionados con animales. Puede tratarse de animales salvajes y temibles o animales indefensos o amigables como un perrito doméstico, un gato o un pájaro. Soñar con un caballo con toda su energía y su velocidad en la carrera alude a la sexualidad intensa y difícil de controlar, particularmente en la adolescencia. El perro muestra lo pulsional como un aspecto de la amistad. Cuando nos acompaña durante el sueño representa una relación favorable respecto a las fuerza del inconsciente. El león es el rey de los animales y sugiere que debemos luchar desplegando mucha energía psíquica para madurar y adquirir seguridad en nosotros mismos. Los sueños con ratas nos alertan sobre dónde un problema o preocupación puede estar produciendo un daño emocional. Las aves apuntan a estructuras intelectuales. Las gallinas cacareando significan una colectividad intelectualmente pobre. El águila representa pensamientos elevados, y los cuervos, negras especulaciones.

Pero los animales no siempre representan símbolos unívocos, y entonces hay que reflexionar sobre qué cosas me están pasando, qué me provoca el animal con el que he soñado. ¿Temor? ¿Ternura? ¿Peligro? Algo que podemos hacer para meditar correctamente sobre estos sueños es volvernos sobre el animal del sueño e imaginarnos que, aunque nos cause miedo y nos persiga, podemos darnos vuelta y mirarlo o incluso abrazarlo. De ese modo podremos enfrentar nuestro miedo y saber quién desea expresarnos su amor. Por otra parte lograremos integrar nuestra sombra que nos produce temor. Los sueños pueden mostrarnos nuestra situación y los posibles riesgos para que estemos atentos, observemos el peligro y lo evitemos. No están allí para asustarnos sino para que corrijamos nuestro proceder.

Los sueños de guerra significan una lucha con uno mismo, una pelea con un enemigo interior. En este contexto puede suceder que sueño que estoy prisionero y es probable que me sienta atrapado dentro de mí, que estoy atado. Podemos pedirle a Dios que nos ayude a un reconocimiento sincero de mi situación interior, que descubra mis puntos oscuros y que me dé fortaleza para enfrentarlos con su ayuda.

Principios para guías espirituales sobre interpretación de sueños

Ya mencionamos el consejo de Benedicto Pererius quien en el siglo XVI recomendaba a quienes necesitan un guía espiritual para ayudarlos en la interpretación de los sueños que tal guía fuera "una persona con abundante experiencia en el mundo de los asuntos de la humanidad, que tenga amplio interés en todo lo humano, y que esté accesible a la voz de Dios". Actualmente la psicología ha hecho un significativo aporte al mundo científico y académico, pero también a la iglesia cristiana, y ha permitido la creación de métodos de asistencia pastoral más eficaces. Gracias a la incorporación de la dinámica psicológica se ha avanzado en los principios de la psicología pastoral. Sin embargo, no pensemos que todas las respuestas a los dilemas del ser humano encuentran su solución en la psicología. Los recursos que ésta ofrece son auxiliares de la antigua disciplina del discipulado espiritual, que es mucho más antigua y sus alcances llegan a estratos más profundos de la estructura psíquica del ser humano porque apuntan al espíritu y al alma de la persona. La asistencia espiritual tiene principios que le son propios. No pertenecen a la dinámica psicológica, pero es importante ponerlos en práctica en momentos oportunos. Algunos de ellos son los relacionados con los sueños.

El primer consejo para los guías espirituales es desarrollar la búsqueda del discernimiento del Espíritu Santo para orientarse frente a la interpretación de los sueños, dejarse guiar y tratar de hablar e interferir lo menos posible en el proceso. Sobre todo, aprender a escuchar con atención e interés y sin buscar respuestas rápidas, sino desechando aquellas que lleguen automáticamente a la mente, y dejando la expectativa abierta para que aparezca lo sorprendente, la metáfora y la guía del Espíritu. Los guías espirituales deben tener, además de experiencia y sabiduría, una intuición especial, una sensibilidad dada por el Espíritu Santo para saber cómo actuar y qué estrategia seguir en el momento oportuno ante los sueños de quienes los consultan en busca de consejo y guía. El guía espiritual puede entender que hay un determinado momento para recurrir al análisis de un sueño, pero también sabrá cuándo es un buen momento para no utilizarlo. Para eso necesitará de buen criterio para actuar correctamente.

¿Cuáles serían las razones para utilizar este o aquel recurso? A veces el proceso de crecimiento espiritual de quien consulta o solicita guía se estanca, no avanza en las prácticas espirituales que se están utilizando. Entonces quizá se pueda recurrir al análisis de un sueño, acceder al mundo del inconsciente como un estímulo para destrabar esa inercia. Se puede recurrir a la descripción del sueño, al dibujo de la situación del mismo, al análisis de los posibles significados y las circunstancias particulares en las cuales se ha producido.

Un aspecto a tener en cuenta para el acompañante espiritual es permitir e inducir a su discípulo a participar activamente en la interpretación de su sueño. Preguntarle sobre los detalles, permitiendo que lo recuerde con más claridad y consustanciarse con él. No es recomendable que se anticipe a la interpretación del sueño sino permitir que sea la misma persona quien intente posibles interpretaciones, o entender a qué aspecto de su vida está aludiendo. El acompañante espiritual debe animarlo, darle confianza en sus posibilidades de interpretar el sueño, tratando de no interferir. Debe permitir que el discípulo saque sus propias conclusiones y estimularlo a que continúe meditando en su corazón los posibles significados.

Otro aspecto de la participación del acompañante espiritual es insinuar algunas ideas como la punta de una madeja que le permita al soñante continuar adelante a partir de esa pista. Se sugiere que le haga algunas preguntas que lo pongan en el camino de la interpretación correcta. Quizá descubra que lo que la persona sabe o ha logrado sacar en limpio es suficiente y no necesita más ayuda. Basta acompañarla para que continúe meditando y sacando conclusiones útiles para su vida.

Otra regla consiste en buscar relatos o citas de la Biblia que sean apropiados e inspirados por el Espíritu para estimular a la persona a buscar la relación entre el relato bíblico y su situación personal. El propósito es que encuentre principios o metáforas que le permitan abrirse a nuevas posibilidades de interpretación con las abundantes imágenes bíblicas que ella atesore en su mente y su corazón.

Es importante que el guía y el discípulo dediquen tiempo a la oración conjunta para poner el sueño delante Dios y le pidan que los guíe más allá de los límites humanos para que disciernan el verdadero sentido del sueño. Pueden orar diciendo: "Dios, ¿qué es lo que quieres decirnos a través de este sueño? ¿Tienes, como cuando te presentaste aquella noche ante Samuel, algún mensaje para darnos? ¡Háblanos, Señor, que tus siervos oyen"!

Quiero agregar un consejo final: el guía espiritual debe buscar sobre todo la orientación de Dios, y centrar su intervención en escuchar con atención e interés a quien busca su ayuda, tratando que su participación sea la mínima indispensable y un instrumento útil en manos de Dios para guiar en el camino correcto. Tal vez la mejor manera de comprender la tarea del guía espiritual es compararla con la del partero. La función que éste tiene es favorecer las mejores condiciones de un buen parto, sin forzarlo, sino más bien dejando que el nacimiento de la criatura se produzca naturalmente, confiando en la sabiduría y en la dinámica de la naturaleza. Así también el guía espiritual deberá brindar contención y seguridad, y crear una atmósfera de confianza, aceptación e intimidad.

www.ingramcontent.com/pod-product-compliance
Lightning Source LLC
LaVergne TN
LVHW010226070526
838199LV00062B/4742